21世纪经济管理新形态教材·公共基础课系列

金融与社会

陈 岩 ◎ 编 著

清华大学出版社
北京

内 容 简 介

《金融与社会》是为非专业人士编写的一本平实、清晰、靠谱、有趣的金融学入门教材。本书有两个显著特点：①将金融学概念和理论还原到有感知、有温度的真实生活场景或者金融故事中，用故事解构金融理论，把理性知识与读者的感性认识联系起来，让实践和理论相互印证。②将金融置于社会和文化的语境中，辩证地分析金融的作用。本书除第9章外，可以分为基础篇和实践篇。基础篇厘清基本的金融概念和逻辑，实践篇取材现实生活中人们普遍关注的热点问题，在分析金融问题的同时讲解金融理论。

本书封面贴有清华大学出版社防伪标签，无标签者不得销售。
版权所有，侵权必究。举报：010-62782989，beiqinquan@tup.tsinghua.edu.cn。

图书在版编目（CIP）数据

金融与社会/陈岩编著. —北京：清华大学出版社，2021.8
21世纪经济管理新形态教材. 公共基础课系列
ISBN 978-7-302-58885-6

Ⅰ.①金… Ⅱ.①陈… Ⅲ.①金融—经济社会学—高等学校—教材 Ⅳ.①F830

中国版本图书馆CIP数据核字（2021）第163620号

责任编辑：徐永杰
封面设计：汉风唐韵
责任校对：王荣静
责任印制：杨　艳

出版发行：清华大学出版社
　　　　　网　　址：http://www.tup.com.cn, http://www.wqbook.com
　　　　　地　　址：北京清华大学学研大厦A座　邮　编：100084
　　　　　社　总　机：010-62770175　邮　购：010-62786544
　　　　　投稿与读者服务：010-62776969, c-service@tup.tsinghua.edu.cn
　　　　　质量反馈：010-62772015, zhiliang@tup.tsinghua.edu.cn
印 装 者：三河市龙大印装有限公司
经　　销：全国新华书店
开　　本：185mm×230mm　印　张：14.25　字　数：207千字
版　　次：2021年8月第1版　印　次：2021年8月第1次印刷
定　　价：46.00元

产品编号：091495-01

前　言

现代社会，无论学习什么专业、从事什么职业，都需要掌握一些基础的金融知识。学会驾驭金融这个"时光机器"，能够增强我们的思维能力，改善我们的生活品质。从实际出发、从根本出发，为非金融专业人士编写一本平实、清晰、靠谱、有趣的金融学教材，是我的初心。因此，这是一本从土地里长出来的金融学通识教育教材，它的特色可以概括为两句话：扎根现实生活，深入浅出地讲解金融理论和概念；扎根传统文化，辩证分析如何善用金融、趋利避害。

本书是爱课程网中国大学MOOC（大规模在线开放课程）"金融与社会"课程以及我的同名通识选修课的配套教材，也可作为社会各界人士学习金融知识、提高金融素养的入门读物。陶行知先生说过："生活即教育，社会即学校。"本书努力将依赖于抽象逻辑推理和数理统计的金融学还原到有感知、有温度的真实生活场景或者金融故事中，用故事解构金融理论，把理性知识与读者的感性认识联系起来，让金融理论从实践中来，并回到实践中去，实践和理论相互印证。因此，本书所有章节都由故事引入，故事全部来源于真实的金融实践，并且能够很好地承载本章要介绍的金融概念和理论，这使得本书相较于一般的金融学教材，有较强的易学性和趣味性。

金融本质上是一种技术，用以解决跨时空的资源配置问题。它是一种正确地做事情的方式，但它本身无法解答何为正确的问题，而优秀的传统文化，恰好可以告诉我们什么是正确的，怎样的行为才有意义。金融只是手段，社会才是目的，所以本书尝试着提供一个更广阔的视角——将金融置于社会和文化的语境中，辩证地分析金融的作用。中华优秀传统文化是金融实践的底盘和底气，只有扎根于传统文化的土壤里，才能汲取金融发展所需要的根本力量，才能明了金融最大的善是为社会创造价值，改善大多数人的生活。

本书除第 9 章之外，可以分为两个部分：基础篇和实践篇。基础篇包括第 1～4 章，主要目标是厘清基本的金融概念和逻辑，也为后面的延伸和应用打下理论基础。实践篇包括第 5～8 章，取材现实生活中人们普遍关注的热点问题，将相关金融知识融入其中，在分析金融问题的同时讲解金融理论。第 9 章是我对传统文化融入金融教育和实践的思考，可以看作是本书的总结和思想升华。由于本人传统文化根基浅薄，这一章写得十分忐忑。

实际上我是怀着十分忐忑不安的心情将这本书呈现在您面前的。虽然我已经尽心尽力，但是由于水平有限，书中一定存在许多的不足和缺憾，有任何错误或者问题请您不吝赐教，我的邮箱是 chenyan@buu.edu.cn。实际上，要把那不断变化、永远涌动着无限创造热忱的金融实践变成课堂上生动的讲解或者白纸黑字的图书，本身就是一件需要用一生去做的事情，这是我的使命，也是我的信仰。我将一直坚持下去，止于至善，希望本书还有再版的机会。

一本书的完成，需要感谢许多人的帮助。首先要感谢历届选修"金融与社会"课程的学生，你们真挚的情感、热情的鼓励给了我信心和力量，你们无私的反馈帮助我把这门课"磨"得更好。其次要感谢在写作过程中帮助过我的学生和同事：李锦彤同学撰写了蛋壳公寓案例的初稿，并帮我校阅了全书；孙欣曼同学绘制了金融机构体系的框架图；苏艳芝老师参与了本书部分章节初稿的写作工作；我亲爱的女儿帮我绘制了本书所有的思维导图。最后，我要感谢本书的责任编辑徐永杰先生，他有着编辑特有的敏锐、执着和勤勉，感谢他卓有成效的工作。

这本书献给我亲爱的父亲。因为赶写本书，2021 年春节我没有回家过年。没想到再回家时，父亲与我竟已是天人永隔……

编著者

2021 年 8 月

目 录

第1章 开宗明义：范畴和方法

思维导图 001
导入故事：我想过更好的生活 002
1.1 金融是个月光宝盒 005
    1.1.1 金融概念及其由来 005
    1.1.2 金融的核心功能 006
    1.1.3 现代金融系统的构成 008
1.2 经济学认识世界的视角和方法 009
    1.2.1 经济学的研究主题：稀缺和效率 010
    1.2.2 稀缺资源如何配置 010
    1.2.3 经济学的基本假设 013
    1.2.4 经济学的基本分析框架：需求和供给 014
1.3 从社会学的视角看金融 016
    1.3.1 什么是"社会" 016
    1.3.2 社会结构 017
    1.3.3 金融会让我们的社会更好吗 020
1.4 本书的内容、特色和学习方法 022
    1.4.1 内容设计：一条主线，三个问题 022
    1.4.2 本书特色：一切从实际出发 023
    1.4.3 培养科学的思考习惯 023
本章小结 027
问题讨论 028
即测即评 028

第 2 章 货币的变与不变

思维导图 029
导入故事：请注意你的支付方式 030
2.1 没有硝烟的支付大战 031
    2.1.1 细说从前：银联一统天下 031
    2.1.2 重洗江湖：支付宝横空出世 032
    2.1.3 决战"双12"："扫码派"大败"闪付派" 033
2.2 货币形态和货币制度的演变 034
    2.2.1 货币的起源 034
    2.2.2 货币形态的演变 035
    2.2.3 货币制度的演变 038
2.3 货币的本质及其职能 039
    2.3.1 货币不变的职能 039
    2.3.2 货币不变的本质 041
2.4 比特币、天秤币和央行数字货币 043
    2.4.1 比特币为什么不是货币 044
    2.4.2 天秤币是货币吗 045
    2.4.3 王者归来：央行数字货币 046
    2.4.4 我们将进入"无现金"社会吗 048
本章小结 049
问题讨论 050
即测即评 050

第 3 章 金融的本质：信用

思维导图 051
导入故事：是谁打破了"蛋壳" 052
3.1 信用的概念和本质特征 054

3.1.1　信用的概念　　054
　　3.1.2　实物借贷和货币借贷　　055
　　3.1.3　信用的基本特征　　056
　　3.1.4　金融的本质是信用　　058
3.2　两种基本的信用关系　　059
　　3.2.1　债权债务关系　　059
　　3.2.2　股权关系　　061
3.3　利息和利率　　063
　　3.3.1　利息及其本源　　063
　　3.3.2　利率及其种类　　065
　　3.3.3　利息的计算方法：单利和复利　　068
　　3.3.4　高利贷　　070
3.4　消费信用和校园贷　　071
　　3.4.1　消费信用的概念及其主要形式　　071
　　3.4.2　校园贷的概念界定　　075
　　3.4.3　警惕校园贷陷阱　　075
本章小结　　078
问题讨论　　080
即测即评　　080

第4章　金融市场和金融机构

思维导图　　081
导入故事：包商银行破产　　082
4.1　金融机构体系概览　　083
　　4.1.1　金融机构的概念　　083
　　4.1.2　金融机构的分类　　084
　　4.1.3　我国金融机构体系的构成　　085
4.2　几种重要的金融机构　　087

4.2.1 商业银行 087
　　4.2.2 保险公司 091
　　4.2.3 证券公司 092
　　4.2.4 基金公司 092
4.3 金融市场及其构成 092
　　4.3.1 金融市场及其基本功能 092
　　4.3.2 货币市场 094
　　4.3.3 资本市场 095
4.4 金融科技：是科技还是金融 097
　　4.4.1 金融科技的定义 097
　　4.4.2 金融科技的参与者 097
　　4.4.3 金融科技的"五全特征" 098
　　4.4.4 金融科技的风险 099
本章小结 100
问题讨论 102

第 5 章　投向未来的风险投资

思维导图 103
导入故事：明日黄花——ofo 小黄车 104
5.1 共享经济的本质和特征 105
　　5.1.1 什么是产权 105
　　5.1.2 什么是共享经济 106
　　5.1.3 共享经济的特征 107
　　5.1.4 共享经济的主要类型 107
5.2 风险投资的概念和流程 108
　　5.2.1 什么是风险投资 108
　　5.2.2 风险投资的投资流程 110
　　5.2.3 风险资本的退出方式 111

5.3 风险投资基金和风险投资辛迪加 112
　　5.3.1 风险投资基金 112
　　5.3.2 风险投资辛迪加 113
　　5.3.3 风险投资辛迪加的优势 115
5.4 共享单车，骑向何方 116
　　5.4.1 插上翅膀的共享单车 116
　　5.4.2 共享单车的商业模式成立吗 118
　　5.4.3 全面客观地认识风险投资的作用 120
本章小结 121
问题讨论 122
即测即评 122

第 6 章　改变世界的金融危机

思维导图 123
导入故事：华尔街五大投行的终结 124
6.1 次贷——一只美丽的蝴蝶 126
　　6.1.1 什么是次贷 126
　　6.1.2 次贷产生的背景 127
　　6.1.3 次贷泡沫的破灭 129
6.2 次债及其相关金融创新 130
　　6.2.1 资产证券化 130
　　6.2.2 次债：次级住房抵押贷款债券 132
　　6.2.3 房利美和房地美 133
　　6.2.4 次债的衍生金融产品：CDO 和 CDS 134
6.3 从金融危机到经济衰退 135
　　6.3.1 金融危机的相关概念 135
　　6.3.2 从美国次贷危机到全球金融危机 137
　　6.3.3 从全球金融危机到全球经济衰退 139

6.4	金融危机怎样改变了我们的生活	140
	6.4.1 规模空前的政府救市	141
	6.4.2 政府救市引发的巨大争议	142
	6.4.3 总结和反思	143
本章小结		146
问题讨论		147
即测即评		147

第7章 中央银行：行动的智慧和勇气

思维导图		149
导入故事：疫情引发的"神仙吵架"		150
7.1	中央银行的起源、创立与发展	152
	7.1.1 中央银行的起源	153
	7.1.2 中央银行的创立与发展	154
	7.1.3 中国的中央银行	157
7.2	中央银行的使命和职能	159
	7.2.1 中央银行的两大使命	159
	7.2.2 中央银行的三大职能	160
	7.2.3 中央银行的职责	163
7.3	现代中央银行制度	164
	7.3.1 中央银行制度类型	165
	7.3.2 现代中央银行制度的特点	167
	7.3.3 为什么不能"财政赤字货币化"	168
7.4	货币政策	170
	7.4.1 货币政策目标	170
	7.4.2 货币政策工具	171
	7.4.3 非常规货币政策工具	173
本章小结		175

问题讨论	176
即测即评	176

第 8 章　疫情带来的金融课

思维导图	177
导入故事："发国难财"应该被赞美吗	178
8.1　疫情中口罩应该怎么卖	179
8.1.1　看不见的手 VS 看得见的手	180
8.1.2　关于口罩的经济学和社会学解释	181
8.2　中小企业和个人的"压力测试"	183
8.2.1　比"非典"时期更严峻的考验	183
8.2.2　中小企业面临大考大关	185
8.2.3　家庭的现金规划	186
8.3　守正出奇："央妈"发力支持疫情防控	188
8.3.1　出拳要快，力度要大	189
8.3.2　"四面"发力，成效明显	191
8.3.3　工具创新，精准调控	192
本章小结	193
问题讨论	194

第 9 章　结语：金融向善

溯源：回归金融的本质	195
反思：做正确的事情，而不仅仅是正确地做事	196
寻根：中华传统文化的价值观	198
向善：金融"成人之美，不成人之恶"	199
附录　教学案例	202
参考文献	213

第1章

开宗明义：范畴和方法

> 对于看似简单的基本道理，第一是牢牢记在心里。牢牢铭记于心，在于对其丰富的内涵要下功夫领会。不下功夫，不能牢记于心；不能牢记于心，在思考问题时，它们就不会自动地提醒自己把牢基本方向。
>
> ——黄达

 思维导图

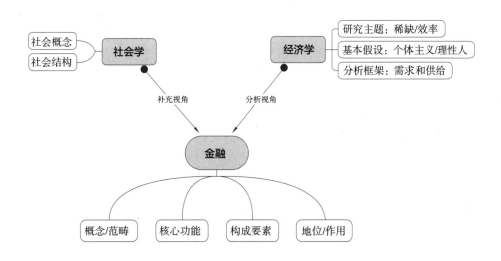

导入故事：我想过更好的生活[①]

几乎每个三阳村村民都晓得，自打五六年前吴艳仿回来后，湖南省平江县三阳村每天第一个醒来的就不再是报晓的公鸡了。时间大概是凌晨4点不到，漆黑的三阳村已经迎来了第一抹光亮，这昏暗的光亮来自吴艳仿居住的一幢房龄近40年、"躺在地上能望见星星"的乡下老房子。

吴艳仿草草吃了几口剩饭，喂过自己的大黄狗，开始往自己的电动三轮车上装几十捆长豆角，这些豆角5斤一捆，都是老吴昨天从地里一根根摘下，又一把一把称重、扎成捆的。每一捆豆角都扎得整整齐齐，一如细心的父亲给女儿扎的头发。在天亮之前，这些豆角将送到镇子上的蔬菜批发市场被低价收走，然后进入市菜市场，再被某个妈妈或妻子买回家，做成菜肴摆上桌子。吃它的人绝不会知道，这些豆角从播种到长成需要多少的阳光、雨露、肥料、汗水。

"送菜得去得够早，早菜才够新鲜，人家才会要。""为什么要批发？我也晓得批发（价格）贱啊，可我没得办法去集市上一点点卖，地里的辣子和茄子还在等我回来摘，耽误一天就要烂的。忙？现在不算最忙，天亮前我赶回来就没得问题咧。""这辆电三轮是贷款买的，原来我都是挑着担子去卖的。"

送菜路上，熹微晨光照在吴艳仿的脸上，使他那整日不退的笑容渐渐清晰。如果你第一次见到他，一定会以为这是一位乐观的、无忧无虑的老农。

谁又能想到，倒退6年，这位无忧无虑的快乐的老农刚刚逃出困了自己16年的黑工窝点，靠乞讨和打零工跋涉千里回到已经阔别30年的故乡。那时的吴艳仿真是应了自己的姓氏，一无所有。

但老天还觉得他不够"一无所有"。回到家乡的吴艳仿发现，家已经没了：父

[①] 导入故事引自中和农信官网www.cdfinance.com.cn。中和农信是一家专注服务农村小微客户的综合助农机构，致力于打通农村服务最后100米，为目标客户提供方便快捷、经济实惠、安全可靠的贴心服务。主要服务内容包括技术培训、小额信贷、小额保险、农资直销、农品直采和紧急救助等。

母没了，房子没了，地没了，就连户口都已经被注销了。"少小离家老大回，乡音无改鬓毛衰。儿童相见不相识，笑问客从何处来。"不同的是，村里的孩子们没有笑问他从哪里来——他们都把衣衫褴褛的吴艳仿当作要饭的。认识他的人都以为他已经死了，而不认识他的人都觉得："这个人恐怕活不下去了。"

没有人能体会吴艳仿当时的心情，我们只能想象，如果我们是吴艳仿，会怎样面对？

"先养活自己。"这是吴艳仿的回答。事实远没有这么轻描淡写，一个有文化、有学历的大学毕业生不靠父母一个人养活自己有多难？一个无文化、无处寄身、无依无靠、年老力衰的老农呢？要知道，这个老农甚至算不上"农"——他连田地都没有。

没有田地，就自己开荒；没有农具，就靠双手；没有种子、没有农药、没有肥料……除了困难不缺，什么都缺。乡亲邻居可怜他，给他一间荒弃的老屋和一些生活用品。老天爷发慈悲，给了他一年风调雨顺。就这样，吴艳仿成功地在家乡活了下来——没靠乞讨，而是靠自己的双手。

过惯苦日子的吴艳仿很知足，"我还不知足么？我太知足了。"他身上有了劲、脸上有了笑。半夜里醒过来，他就想，自己既然能养活自己，以后一定会越来越好。一想到这，他甚至会兴致勃勃睡不着。只可惜身边没有人听他对未来的规划。他安慰自己，父母泉下有知，会为自己高兴吧。

吴艳仿知道时间不等人，趁着身体好，他怀揣着自信开始筹划起自己的下一步计划："我就想我要是多开几块荒地，是不是除了吃喝还能攒下点钱呢？攒下钱也许能盖间自己的房子，甚至讨个老伴。没想法还活着做什么呢？"

地多了，问题也慢慢多了。一个是体力，一个人忙不过来，有时候吴艳仿一天睡不了几个小时却总也干不完活；另一个是资金，买种子化肥的开销也成了难题。吴艳仿再三考虑之下决定借钱：一部分钱买种子化肥，一部分钱买个电三轮。"有了这些我肯定能种更多，钱也能赚更多。"

但吴艳仿想得简单了，没人借钱给他，尽管他借得不多。"谁会相信我这样的人，他们都怕我还不上。"所有人像当初质疑他能不能活下去一样质疑他借钱种地的想法:"能养活自己就知足吧,还想借钱种地?还盖新房?他一个孤老头子凭啥?"

吴艳仿没有放弃,"后来我听说可以从信用社、从银行贷款,去问过,但人家说根本不行,我什么都没有,没有抵押,没有担保,甚至连个家都没有,而且我借得也太少,人家不愿意费这个劲。"

"后来中和农信的钟幼萍就来了,她说他们单位能贷款,也没有那么多限制条件,什么都不需要,全看信用。她来过我家好几次,看我干活种菜,问了我好多问题,最后把款贷给了我。她对我说,这不是帮,是支持。你不用觉得欠我人情。你是靠自己,靠你的信用。"

"说真的,活了快60年,都是人家说你没有这个没有那个,真的很少有人跟我讲,你有什么。我当时就决定了,我就算去卖血也一定要把它还了。"

不到一年时间,吴艳仿又开出近10亩的地,他每天几乎和地里的菜一样长在了地里,稍微歇一下都不敢,"停一天菜就会烂在地里。"吴艳仿说着,话里透着一股劲儿:村里人都越活越好,凭啥我就不能?我又不缺手缺脚!穷人就不能想更好的日子?没这个道理。

豆角、茄子、辣椒……越来越多的菜从吴艳仿的地里长出来,充满生气,看着这些菜,年近花甲的吴艳仿有时候会有一种自豪感:也算像个人家了。

2016年,吴艳仿还完了贷款,还新添置了些东西。除了电动三轮车外,还买了一辆手扶翻地机,顺便也给大黄添了个伙计(另一只大狗)。哦,对了,他还有了两万多块钱的积蓄。"不多吧,但对我来说简直太多了。真的太多了。不怕你笑,拿在手里,就像是抢银行抢来的一样,觉得这不是自己的。"

"想想以前,我觉得自己就要转运了吧。不,不,我不是说想着发财,我只是说我也能像个人一样活着,而且我还能活得更好。"

当所有的不幸都降临在你的身上,当你一无所有的时候,你该怎么办?余华在《活着》中给出的答案是:活下去。这个答案中总有一种无力感,而吴艳仿告诉我们:仅仅是活下去是不够的,你还要活得好,活得更好。追求更好的生活,是每一个人生而拥有的权力。

1.1 金融是个月光宝盒

孔子说:"名不正则言不顺,言不顺则事不成。"因此,本书一开篇首先要把"名"正了——界定基本概念、介绍相关范畴。

1.1.1 金融概念及其由来

根据我国金融学泰斗黄达教授的考证,"金融"这个词不是我们国家土生土长的,古代文字中有"金"、有"融",但未见两个字连在一起组成词。最早列入"金融"条目的工具书是从1908年开始编纂、1915年初出版的《辞源》和1905年即已酝酿编纂、1937年开始刊行的《辞海》。[①] 据此,黄达先生推测,"金融"一词最大可能是来自明治维新的日本。这并不奇怪,据吴国盛教授考证,在现代汉语中广泛使用的"科学"一词,也是来自日本,是日本人对"science"一词的翻译。有人甚至认为,现代汉语中的人文社会科学术语70%来自日本,民主、自由、哲学、形而上学、技术、自然等词全部采纳了日译。现代中国人通过日本这个"二传手",接受了19世纪以来的西方科学的概念。

虽然"金融"这个词是移植过来的,但是这并不代表中国古代没有本土的金融实践。实际上,中国古代的金融实践极为丰富,自先秦时代起,就有对货币金融现象的记录和思考。战国时期的《管子》、西汉贾谊的《谏除盗铸钱令》、桓宽的《盐铁论》、司马迁《史记》中的《货殖列传》和《平准书》,等等,都是中国古代的货币经济著述。

因此,在界定金融概念的时候,应该立足于中国两千多年的金融实践,而不是削足适履地对应某个英文词[②]。在中国老百姓的日常生活中,提到"金融"这个词大

---

① 《辞源》(1937年普及本第11版)金融条的释义是:"今谓金钱之融通状态曰金融,旧称银根。各种银行、票号、钱庄,曰金融机构。"《辞海》(1936年版)金融条的释义是:"谓资金融通之形态也,旧称银根。金融市场利率之升降,与普通市场物价之涨落,同一原理,俱供求之关系而定。即供给少需要多,则利率上腾,此种形态谓之金融紧迫,亦曰银根短细;供给多需要少,则利率下降,此种形态谓之金融缓慢,亦曰银根松动。"
② 一般情况下,金融与"finance"对应。英语中的"finance"源于古法语的"finer"。

体包括：与物价紧密联系的货币流通，银行、保险公司等提供金融服务的机构，股票市场等金融市场，以及和外国货币相关的领域等。因此黄达先生将金融界定为："凡是涉及货币供给，银行与非银行信用，以证券交易为操作特征的投资，商业保险，以及以类似形式进行运作的所有交易行为的集合。"① 要深入理解金融范畴，还是需要从货币和信用发展溯源。这也是本书内容安排的逻辑：第 2 章是货币，第 3 章是信用。在本章，我们先对金融有一个初步的了解，待到货币和信用讲完之后，再回过头去看金融范畴，应该会有更深的理解。

1.1.2　金融的核心功能

1. 盈余和赤字

在导入故事中，一无所有的吴艳仿想要过上更好的生活，就需要开垦更多的土地、卖出更多的菜。为了提高种菜和卖菜的效率，他需要钱来买种子、化肥和一辆电动三轮车，从经济学的角度看，吴艳仿就是出现了赤字。所谓的赤字（deficit），就是在一段时间货币支出大于货币收入，与之相对应，盈余（surplus）就是在一段时间货币收入大于货币支出。任何经济行为主体，不管是个人、企业还是政府，在一段时间里要么是盈余的、要么是赤字的。当然也有可能收支完全相抵，即实现了均衡，但是这种情况是极其罕见的。

盈余和赤字是相对的。一个人、一个企业或者一个国家可能在这段时间是盈余方，下段时间是赤字方。例如，吴艳仿没钱买种子、化肥和电动三轮车的时候，是赤字方；后来吴艳仿贷款买到农具之后大大提高了种菜、卖菜的数量和效率，还了贷款之后，还有了两万元的储蓄，就变成了盈余方。

2. 金融是人造的时间机器

假如没有金融的话，吴艳仿就买不了种子、化肥和电动三轮车，也就没有办法过上更好的生活。再假设一个富二代，有大把的钱，只是没有能力像父辈一样创业，

---

① 黄达，张杰. 金融学 [M].5 版. 北京：中国人民大学出版社，2020：111.

如果没有金融，只能坐吃山空。有了金融就不一样了，像富二代这样的盈余方可以把自己的钱存到银行①，靠利息就可以过得很好了。像吴艳仿这样的赤字方，可以从银行（或者是中和农信这样的非银行金融机构）贷款，然后种更多的菜去卖，赚钱以后再还给银行，自己也有一份盈余。金融在盈余方和赤字方之间架起了一座桥梁，让本来闲置的资金创造出了价值。对于整个社会来说，由于有了金融，无数个吴艳仿可以靠借来的钱生产出更多的蔬菜、水果、钢铁、芯片，为社会创造更多的财富，促进经济的增长。也就是说，金融通过在资金盈余方和资金赤字方之间建立信用关系，实现货币资金的有效配置，从而推动经济发展。本质上，金融是人和人之间的一种经济关系。

我们把对金融核心功能的理解，再向前推进一步。中和农信之所以愿意把钱借给吴艳仿，绝不是做慈善，而是基于对吴艳仿的信任；吴艳仿借到了钱，同时就有了到期还本付息的义务。也就是说，他买种子、化肥、电动三轮车的钱，归根结底是要靠未来用自己的双手挣出来。可以这样理解，金融就像一个人造的时光机器，它让我们有机会现在就花未来的钱。最典型的例子就是助学贷款。聪明刻苦但是家境贫寒的青年学子，如果没有金融的话，就无法读大学。有了金融，青年学子就可以申请助学贷款，工作以后再还。相当于现在上大学花的钱，是4年以后大学毕业工作以后挣的钱，金融帮我们实现了货币资金跨时间的配置，把未来的钱拿到现在来花。当然，这个时间机器是可以双向穿梭的，我们也可以在年富力强收入比较高的时候购买养老保险、理财产品，等到退休之后，没有劳动能力了，再花自己年轻的时候存下的钱。

现在我们可以对金融的核心功能做一个专业的概括：金融的核心功能是实现货币资金的跨空间、跨时间配置，以提高货币资金的利用效率。在富二代手里闲置的钱，在吴艳仿手里就会变成绿油油的菜园；在二三十岁吃一顿大餐的钱，挪到18岁去花，就可以获得上学的机会、拥有光明的前途。在周星驰的经典电影《大话西游》

---

① 是把钱存银行还是放到余额宝里，或者买股票和债券，从金融的功能来看并没有本质的差别，都是通过金融机构实现资金使用权的转移，即把闲钱借给（投给）缺钱的人，让后者去创造更多的财富。

里，有一个月光宝盒，可以在时间隧道里来回穿梭。金融就是这样一个月光宝盒。

1.1.3 现代金融系统的构成

在现代经济生活中，金融体系是一个极其庞大的复杂系统。概括地说，现代金融系统有五个构成要素，如图1-1所示。

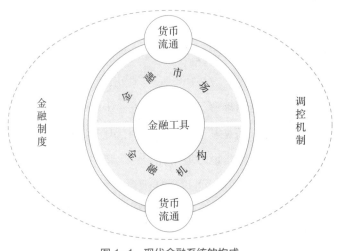

图1-1 现代金融系统的构成

第一个要素，由货币制度所规范的货币流通。此内容将在第2章展开。

第二个要素，金融机构。金融机构种类繁多，最简单的分类方法是分为两类：银行和非银行金融机构，给吴艳仿提供贷款的中和农信就是一个非银行金融机构，除此之外，典型的非银行金融机构还有证券公司、保险公司等。金融机构可以粗略地定义为提供金融服务的组织，其基本特征是经营货币或者货币资本。此内容将在第4章展开。

第三个要素，金融市场。金融市场也是一个庞大的群体，人们可以从不同角度对金融市场进行分类，但通常按照期限分为货币市场和资本市场。我们最感兴趣的股票市场和债券市场就属于资本市场。在金融市场上最重要的参与者是金融机构，交易的产品就是各种金融工具（如股票、债券等）。此内容将在第

4章展开。

第四个要素，金融工具。金融工具也称金融产品，是在金融机构中和金融市场上交易的对象。一般我们把金融工具定义为明确资金盈余方和资金短缺方信用关系的契约，也可以把金融工具理解成货币资金流通和转移的载体。常见的金融工具有存款、贷款、票据、股票、债券、保单、基金，以及期权、期货等金融衍生工具。[①]之所以金融工具又被称为金融产品，是因为金融工具是在金融市场上进行交易的，就像白菜萝卜在菜市场交易一样，因此，也可以被看作一种"产品"。

第五个要素，金融制度和调控机制。在世界上任何一个国家，金融都是受到非常多监管的领域，理由是显而易见的。国家对金融运行的管理体现为一系列的制度，如货币制度、汇率制度、信用制度、利率制度、支付制度以及金融机构与金融市场的监管制度等。这些制度的形式可能是法律，也可能是政府法规、规章、条例，以及行业公约等。除此之外，各国还会通过制定和实施货币政策或者种种金融政策，对货币流通等进行政策性的调控。

总之，为了实现货币的流通，我们需要有各种各样的金融机构提供服务，我们需要有一个市场来进行交易，我们需要有各种各样的金融工具作为货币转移的载体，同样我们还需要有严格的制度来进行规范和监管。以上构成了金融系统。所有的构成要素，如同我们的手指，都指向同一个方向——实现货币资金的跨空间、跨时间配置，以提高货币资金的利用效率。

1.2 经济学认识世界的视角和方法

经济学是金融学的母体。金融学对这个世界的认识视角和方法，以及基本的分析框架，完全脱胎于经济学。所以，要想对金融学有比较准确的理解和把握，必须从经济学的基本假设和基本原理讲起。

---

① 金融衍生工具是指价值依赖于原生金融工具（如股票、债券、货币等）的金融产品。本书不涉及金融衍生工具。

1.2.1 经济学的研究主题：稀缺和效率

19世纪经济学家阿尔弗雷德·马歇尔在《经济学原理》里写道："经济学是一门研究人类一般生活事务的学问；它研究个人和社会活动中与获取和使用物质必需品最密切相关的那一部分。"诺贝尔经济学奖获得者萨缪尔森在其经典教材《经济学》中对经济学的定义是："经济学（economics）研究的是一个社会如何利用稀缺的资源生产有价值的商品，并将它们在不同的个体之间进行分配。"从这两个定义可以看出，经济学研究的范围是人类现实的物质生活领域，其研究的主题是如何消耗更少的社会资源以达到目的，学习经济学能够提升人们的洞察力和选择效率。

在经济学里有一个核心的概念：稀缺。所谓稀缺（scarcity），就是指这样一种状态：相对于需求，物品总是有限的。这里的物品是经济物品，不仅包括商品，也包括服务，但是不包括爱、善意、信仰等精神产品，也不包括空气这样的免费产品。造成稀缺的根本原因，不是因为供给不足，而是因为人的欲望是无限的，总想要更多、更快、更好，永无止境。即便是在世界上最富裕的国家美国，其经济物品的生产能力还是不能满足每个人的需求。

既然物品是稀缺的，就必然会引出一个重要的问题：如何利用有限的资源生产出更多、更好的经济物品？这使得我们不得不面对效率这个关键性的概念。经济学里的效率（efficiency）是指在给定技术和稀缺资源的条件下，提供最优质量和最多数量的商品和服务。经济学的精髓之一，就在于承认稀缺性是一种现实存在，并探究一个社会如何进行组织才能最有效率地利用其有限资源，获得最大利益。

1.2.2 稀缺资源如何配置

当地球有限的资源面对人类无限的欲望时，争夺和冲突无可避免地贯穿了整个历史。现代文明社会该如何分配稀缺的资源呢？这是所有社会科学面对的一个基本问题。经济学给出的回答是：以效率为配置稀缺资源的原则。根据效率的定义，我们可以把效率原则理解为追求利益最大化。举个例子，假设有三个人：一个老人、一个小孩、一个有钱人，只有一份食物，按照效率原则，应该把食物给有钱人，因为他出得起最高价格。显然，这种分配食物的方式让我们觉得很不公平。通常，一个社会在进行资源配置的时候，除了效率，还要考虑公平。公平（equality）是指将经济成果在社会成员中平均分配，即对所有社会成员都一视同仁。简单地说，效率的目的是把蛋糕做大，而公平的目的是平均分配蛋糕。

效率和公平，就像鱼和熊掌，往往是不可兼得的。例如，一国政府对富人征收更高的税，然后用税收收入增加低收入群体的最低生活保障，看上去实现了更大程度的公平。但是，这一举措客观上有"奖懒罚勤"的作用，可能导致富人减少工作时间，或者通过投资移民到其他国家，因此会降低效率。换句话说，政府想要把蛋糕切得更加均等的时候，这块蛋糕本身也缩小了。世界上并不存在一种绝对最优的资源配置方式，人们只能在效率和公平之间权衡取舍。我们先介绍经济学认为最有效率的稀缺资源配置方式，然后再介绍人类社会出现过的其他几种主要的稀缺资源配置方式。

1. "看不见的手"——市场

概括地说，经济学认为用市场这只"看不见的手"配置稀缺资源是最有效率的。在经济学的开山鼻祖亚当·斯密的伟大著作《国民财富的性质和原因的研究》中，是这样描述的："每一个人……既不打算促进公共的利益，也不知道自己是在何种程度上促进那种利益……他所盘算的也只是他自己的利益。……他受着一只看不见的手的引导，去尽力达到一个并非他本意想要达到的目的。……他追求自己的利益，往往使他能比在真正出于本意的情况下更有效地促进社会的利益。"斯密的意思是说：稀缺资源配置的决策，应该由每一个追求自己利益的个体（人或者企业）独立作出，在市场这只"看不见的手"的指引下，个体的利己之心最终将促进社会的整体利益。

价格就是市场这只"看不见的手"用来引导经济活动的工具。在市场上，买卖双方都是盯着价格。价格上涨，买的就少，卖的就多；相反，价格下跌，买的就多，卖的就少。经济学家认为，价格会自发作出调整，引导这些分散的买方或者卖方独立作出决策，最终实现稀缺资源最有效率的配置。打个比方，价格就像红绿灯，引导汽车和行人的行为，最终实现整体的出行效率。从这个意义上讲，价格又被称作"价格信号"。

市场最大的作用是极大地释放了个人的欲望和潜能，让各种要素公平而自由地交换，如孟德斯鸠所言"有商业的地方就有美德"。准确地说，是在有市场、有公平竞争的地方，就有美德。但是，市场也有很多的弊端，其中最大的弊端是"有一种明显不可避免地制造不平等的倾向"，最终导致社会贫富差距过大。对市场的作用要辩证地看，如黄仁宇先生所言，"我们欣赏其技术之成功，并不一定要歌颂其道德之伟大"。

2. 其他的稀缺资源配置方式

除"看不见的手"用价格信号来配置资源之外，在人类社会中出现过的其他分配规则主要有以下几种：第一种，基于暴力，谁打赢了就是谁的，优胜劣汰，胜王败寇。人类历史上的战争，大多是为了争夺资源。第二种，基于权力，谁的官位大就是谁的。第三种，基于血缘或者地缘关系，如子承父业、财产继承是按血缘关系分配资源。孩子上小学按学区划片儿，其实是按照地缘关系分配稀缺的教育资源，所以才出现了"学区房"。第四种，基于时间顺序，按照先来后到分配资源，如排队。第五种，基于随机事件，谁的运气好就是谁的，如抽签、摇号。

显然，按照不同的规则分配稀缺资源，胜出的将是不同的人群：按照暴力分配，有力者胜出；按照权力分配，官大者胜出；按照时间顺序分配，先到者胜出；按照随机事件分配，运气好者胜出；按照市场价格分配，有钱者胜出。

那么，这些资源分配方式孰优孰劣呢？恐怕真没有办法给出一个简单统一的结论。微观经济理论大师鲁宾斯坦曾有触及灵魂的一问：有两个经济体可以选择，一个经济体是自由市场经济，一切都靠价格竞争；另一个经济体是丛林经济，一切都靠拳头（暴力）大小来解决。现在，你手中有1元钱，其他每个人手中都有100元钱，但你的拳头和其他人的拳头一样大，请问你愿意选择进入哪个经济体呢？

既然没有放之四海而皆准的标准，那么人们就只能在具体的社会实践中，根据不同的情境，选择最合适的资源分配规则。而规则的选择，往往无法兼顾效率和公平，只能在二者之间进行权衡。例如，经济学认为按照市场价格分配资源是最有效率的，但是在医院挂号基本上是靠排队，就是基于时间顺序，这是为了尽可能公平；再如，在大城市由于空气污染和道路限制，车牌号是稀缺资源。在车牌号分配上，北京采取的规则是"排队＋抽签"，就是根据排队的时间长短设置不同的中签概率，等待的时间越长，抽中的概率越大。而上海采取的规则是"价格＋排队"，对车牌号进行竞价，在出价相同的情况下按时间顺序分配。显然，这两种车牌号分配规则设计，有着不同的价值取向。我们只能说自己更喜欢哪一种，却无法简单地比较优劣。

3. 市场经济是指市场在资源配置中起决定性作用

尽管稀缺资源的配置方式不止一种，但是经济学仅对市场价格情有独钟，这是因为追求效率最大化是经济学的"初心"。不要忘记经济学的研究主题就是探究一个社会如何进行组织才能最有效率地利用其有限资源，获得最大利益。所谓的市场经济，就是"看不见的手"——市场在资源配置中起决定性作用的经济。与之相对应，计划经济是指"看得见的手"——政府在资源配置中起决定性作用的经济，我国在改革开放前实行的就是计划经济。在计划经济国家，价格并不是根据市场供求自发进行调整的，而是由政府计划部门规定的，相当于"看得见的手"把"看不见的手"捆绑起来了。从经济学的视角看，由于没有人能够掌握所有的、瞬息万变的信息，也没有人能够完全理性地使用这些信息，所以，由集中的计划来决定资源配置，总是片面或者低效的，只会导致经济物品的短缺。

1.2.3 经济学的基本假设

任何一门社会科学的理论大厦都建立在对这个世界的根本属性的认识基础上，这个对根本属性的认识体现为基本假设，是这门社会科学建立的起点和前提。无论是否认同，基本假设是不能质疑的，就像数学里的"公理"，不需证明，是讨论其他问题的不言自明的前提。对于经济学来说，对世界的根本认识体现为两个基本假设。

1. 个体是决策的主体

经济学的第一个基本假设是所有权衡取舍的决策都是由个体（individual）作出的，换句话说就是由个体自由作出选择。如果一个人决定放弃选择权随大流，那么"随大流"就是这个人的选择。经济学家认为人是自利、自主和平等的个体，社会只不过是相互交易的人们所构成的群体而已。所有的行为都是由单个个体自主进行决策，而不是由像国家、民族或社会阶级这类抽象的集体进行决策，一切社会现象归根结底都是个体行为的结果。正如上文的分析，"看不见的手"引导每个个体作出消费或者生产的决策，实现稀缺资源的有效配置。因此，分析任何经济问题一定要以个体（自然人或者企业法人）为出发点。

2. 理性人假设

经济学家通常假设人是理性的。所谓的理性人（rational people），就是指系统而有目的地尽最大努力实现其目标的人。也就是经济学假设人在作出经济决策时的出发点是自私自利的，即在现有的制度环境和所能支配的资源约束下，追求自身利益最大化。需要特别指出的是，自利动机并不排除理性人（如父母）将他人（如子女）的福利作为本人利益的一部分所表现出来的"利他"动机。前面说过，基本假设不容置疑，人究竟是不是"生而自私"，是生物学、人类学或者哲学研究的问题，经济学只是假设人是理性人。值得一提的是，1976年英国生物学家道金斯发表了《自私的基因》，旁征博引证明"自私"是动物与生俱来的，不可更改。在中国文化中，"自私"是个贬义词，而在西方文化中"private"却受到极大的尊重，诞生于西方的文化背景下的经济学，将"自私自利"的理性人作为基本假设，反映了其对世界的基本认识，与价值观无关。

1.2.4 经济学的基本分析框架：需求和供给

按照著名经济学家张五常的说法，即使把经济学所有的东西都扔掉，有两样东西也不能扔掉——需求和供给，通俗地讲就是买和卖。因为经济学的研究主题就是稀缺资源的有效配置，市场是最有效率的配置方式，只要有市场就有买卖，有买卖就有供给和需求，有供给和需求就有经济学。

一种物品或者劳务的需求量（quantity demanded）是买者愿意并且能够购买的该种物品或者劳务的数量。其中，"愿意"是指有主观愿望，"能够"是指有客观支付能力。通俗地说，既想要又买得起才构成了某种物品的有效需求。常识告诉我们，一种物品的需求量与价格密切相关。经济学家将价格和需求量的关系归纳成需求定理（law of demand）：在其他条件不变时，一种物品的价格上升，对该物品的需求量减少；一种物品的价格下降，对该物品的需求量上升。请注意，这里的需求量不是你的需求量，也不是我的需求量，而是所有个人需求量的总和，即市场需求。

一种物品或劳务的供给量（quantity supplied）是卖者愿意并且能够出售的该种物品或者劳务的数量。同样，"愿意"是指有主观愿望，"能够"是指有客观的生产能力。决定供给量的因素有很多，但是价格仍然起着重要作用。当巧克力价格较高时，销售巧克力有利可图，因此厂商会加班加点增加产量；相反，当巧克力价格较低时，销售巧克力获利较少，厂商就会减少产量。经济学家将价格和供给量的关系归纳成供给定理（law of supply）：在其他条件不变时，一种物品价格上升，该物品供给量增加；一种物品价格下降，该物品供给量减少。同样，这里的供给量是指市场供给。

经济学家把一种物品的需求量与价格的关系画成需求曲线，一种物品的供给量与价格的关系画成供给曲线，并引入物理学的均衡概念，认为供给曲线和需求曲线的交点——供给量恰好等于需求量的那一点——对应的价格就是该物品的均衡价格[1]。在市场经济中，价格引导消费者和厂商独立地作出买和卖的决策，从而实现稀缺资源的有效配置。市场将供给和需求结合起来，在市场竞争中，出价高的人的需求将会最先得到满足，而一个人之所以愿意出高价是因为他非常想得到这件物品。也就是说，经济学家认为竞争决定的价格，能够将有限的物品分配到最需要它们的人手中。

---

[1] 关于供给曲线和需求曲线，本书不做展开。感兴趣的读者可以参阅推荐的经济学教材，详见本书后面的参考文献第 [1] 和第 [27]。

1.3 从社会学的视角看金融

本书的初心是"以金融的视角分析社会现象,从社会的层面考量金融的作用",因为按照哈耶克的说法,人不是那么理性的,如果过于迷信纯粹的理性和物质,这个社会就会变得非常浅薄,成为永远长不大的社会。这就意味着我们还需要对社会学观察世界的视角和基本方法有初步的了解。同样的一个现象,用经济学的逻辑去分析和用社会学的逻辑去分析,结论可能大不相同。

1.3.1 什么是"社会"

社会是由人组成的,有人的地方却未必有社会。德鲁克说:"没有人会把船只失事时一群无组织、惊恐奔跑的人叫作一个'社会'。那儿尽管有一群人,但并不存在社会。事实上,这种恐慌的直接原因便在于社会的崩溃;而克服这一恐慌的唯一途径,是要用社会价值观念、社会纪律、社会权利和社会组织来重建一个社会。"

社会学家对于什么是"社会",历来有两种观点。一种观点把社会看作是众多个人集合生活的群体,只是一个名称,并非一个客观存在的实体。一个个单独的人,因为生活的需要聚集在一起形成群体,通过分工合作来满足各个人的生活需要。活生生的生物人是构成社会的实体,一个社会的道德规范、法律、制度以及文化等,都是服务于人的手段,即人的幸福是社会发展的目的。另一种观点却认为,社会不仅是一个个单独个人的集合,也是一个客观存在的实体,有自己的发展规律,可以持续存在和发展。在社会里生活的人,不仅是单纯的生物人,还是一个有组织的群体里的社会成员,简称社会人,人只是社会的载体。各个社会都为其成员的生活方式规定了一套行为模式,社会行为发生在社会所规定的各种社会角色之间,就像是一个演员在戏台上必须按照指定的角色进行表演。在《青年艺术家的肖像》一书中,作者詹姆斯·乔伊斯借主人公之口说出:"当一个人的灵魂诞生在这个国家时,就会有一张大网把它罩住,防止它飞翔。"

费孝通先生晚年对其一生学术经历进行反思时指出这两种观点都失之偏颇,第一种观点存在的问题在于"见人不见社会",第二种观点存在的问题在于"见社会不见人"。超越生物个人的社会实体确实存在,但是每一个"个人"背后都有一个有思想、有感情的"自我"。应该"既承认个人跳不出社会的掌握,而同时社会的演进也依靠着社会中个人所发生的能动性和主观作用,这是社会和人的辩证关系,个人既是载体也是实体"。按照费孝通先生的定义,社会(society)是群体中分工合作体系的总称,也是代表群体维持这分工合作体系的力量。一方面社会是个实体,其持续的时间远远超过个人寿命,有超出个人的存在、发展和兴衰;另一方面社会存在的目的还是满足个人不断增长的物质及精神的需要,个人既是社会的载体,也是具有主观能动性的实体。总之,社会和人是无法分离的辩证统一体。

在社会学里,社会被分为两种类型:一种并没有具体的目的,只是因为在一起生长而形成的社会,人和人之间的社会关系都是建立在血缘和地缘关系基础上;另一种是为了要完成一件任务而结合的社会,人和人之间的社会关系主要是建立在分工合作基础上的业缘关系。费孝通先生将前一种称为礼俗社会,将后一种称为法理社会[①]。在法理社会中,血缘及地缘关系的影响力渐渐削弱,主要的社会活动大多以正式的组织的方式进行。

1.3.2 社会结构

既然社会和人是无法分离的辩证统一体,在分析社会现象的时候,就需要"既见社会也见人"。这就使得社会学分析社会现象的视角与经济学迥然有别,从1.2节已经知道,经济学的基本假设就是所有的经济决策都是个体独立作出的,而且个体还是精明自私的、仅仅追求物质利益最大化的"理性人"。换句话说,经济学不仅"见人不见社会",还把千姿百态、各个不同的个人简化成了单调统一的"理性人"。与之相反,社会学认为个体的决策是巨大的社会力量和个体特性之间复杂互动的产物,因此要理解个人的行为,必须将其置身于特定的社会结构中。

---

① 德国著名社会学家藤尼斯将前一种称为 gemeinschaft,译作公社社会;将后一种称为 gesellschaft,译作社团社会。

社会结构（social structure）是指社会系统的各个组成部分及要素之间持久的、稳定的相互联系模式，即社会系统的静态构成状况。地位、角色、群体、组织和制度，是社会结构的基石，而文化则是将这些基石砌到一起的水泥。要理解社会结构，需要理解这些基石。

1. 地位

地位（statuses）是指个体在社会中所占据的位置，如女儿、厨师、丈夫等。我们都会在同一时间拥有多重地位，比如我是一个教师，同时也是学生、女儿、母亲、妻子、姐姐、徒步爱好者、咨询师等。这些地位中有些是先赋性的，即与生俱来的或者是不需要选择就获得的社会位置，比如是中国人或者某人的孩子，以及成为老年人。有些地位是自致性的，即自愿或者自己努力获得的社会地位，比如成为教师或者某人的配偶。

2. 角色

人们占据一定位置后就必须承担起一整套相应的权利、义务和责任，这些就是由地位决定的角色（role）。一个人在社会中占有的是地位，扮演的是角色。例如教师地位的角色就应当教书育人，"学高为师，身正为范"。当人们缺少必要的资源来满足特定角色的要求时就会产生角色压力，如某些银行要求员工"拉存款"，会让很多员工感到压力。一个人一般不止占有一个社会地位，人们通常要扮演多种社会角色，当两种不相容的角色产生矛盾时，就发生了角色冲突，如"自古忠孝难两全"。

3. 群体 / 组织

在地位和角色的基础上，一群人的集合就形成了群体和组织。所谓群体（group），就是有认同感和归属感的一群人的集合，班级、家庭、微信群都是群体，最小的群体是由两个人构成，如情侣、闺密等。而组织（organization）是为了达到某种特定目标而组成的社会群体，与群体相比，组织具有更加严格的规章和构架。社会学将组织分为三大类：经济组织、政治组织和社会组织，企业是最典型的经济组织。

4. 制度

哪怕是最简单的群体也有自己的行为模式，组织更是有一套完整的规范体系，组织和组织之间也需要规则约束。用来约束人们行为的各种规范、规则、习俗就是制度。在社会学中，制度（institution）是指系统化的、具有价值偏向的、用来约束地位和角色以及群体与组织行为的规则。例如考试制度就是用来约束学生学习、老师授课和学校组织教学的一个规则体系。同样，贷款制度就是用来约束债务人、债权人和银行的一个规则体系。

人类不能脱离社会而存在，对于这一点，《荀子》解释得很清楚："饥而欲食，寒而欲暖，劳而欲息，好利而恶害，是人之所生而有也。""礼"（制度）便起于对这种"欲"的疏导和安排："礼起于何也？曰：人生而有欲，欲而不得，则不能无求；求而无度量分界，则不能不争。争则乱，乱则穷。先王恶其乱也，故制礼义以分之，以养人之欲，给人之求"。"故礼者，养也。"所谓养，即维持和延续人的生存。制度存在的根本理由，就是建立人类共同生活的一系列基本底线和共同秩序、规范人的自然情欲，使人类作为一个整体能够生存延续下去。

总之，由个人所占据的地位、扮演的角色、加入的群体和组织，以及所建立的制度构成了复杂的人类社会结构，每个人都是生活在一定的社会结构之中，如图1-2所示。

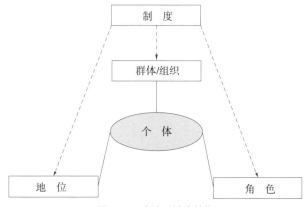

图1-2　个体和社会结构

正如法国哲学家卢梭在《社会契约论》所说："人生而自由，却无往不在枷锁之中。"自由固然是人与生俱来的权利，但是人是社会的动物，要适应社会对角色的要求才能生存，个体的决策往往要受到社会环境的影响甚至是控制。经济学和社会学都研究人类的行为，但是与经济学强调个体决策、理性的利己主义不同，社会学将对人类行为的解释拓展到更大范围的社会结构中，将关注的重点放在个体与群体、个体与社会的相互关系上。

1.3.3 金融会让我们的社会更好吗

邓小平先生1991年在视察上海浦东的时候说："金融很重要，是现代经济的核心。金融搞好了，一着棋活，全盘皆活。"邓公的这段话可以这样理解：货币资本是现代经济最为重要的稀缺资源，而金融的核心功能是实现货币资金的跨空间、跨时间配置，以提高货币资金的利用效率，因此金融在现代经济中处于核心地位。

有趣的是，美国《经济学家》杂志在2015年针对普通民众做了一个问卷调查，在被问到"总体来说，你认为美国的金融体系有利于还是有害于美国经济"时，48%的受访者选择了"有害"，18%选择了"中立"，选择"有利"的只有34%。另一个问题"你同意金融创新会有利于经济增长吗？"，57%的人选择了"不同意"，43%的人选择了"同意"。为什么大多数的普通民众对金融和金融创新的评价是负面的？这是一个发人深省的问题，也是我们这本书要探寻的答案。

在导入故事中，金融显然是让这个社会更美好的力量，它让吴艳仿这样"一无所有"的人，拥有了改变生活和命运的机会。同样彰显金融美好的一面的，还有我们前面提到的助学贷款。但是我们也要看到硬币的另一面，如对经济造成巨大伤害的金融危机①，再如那些因为一时冲动消费而背负巨大债务压力的年轻人②。实际上，压死这些年轻人的，并不是债务本身，而是债务带来的社会压力。用一家

---

① 关于金融危机，将在第6章展开。
② 近些年出现了年轻人因为不堪债务压力自杀的极端案例。比如2018年因为买苹果手机借了3 318元的大学生李兴元，因为无法偿还累计的本息而自杀；2019年一名21岁的女生因为无法偿还拖欠的10余万元本息跳楼自杀。关于消费信用和校园贷，将在第3章展开。

讨债公司的话说："当周围的所有人都知道他／她欠钱不还的时候，这个人基本上就完了。"仅仅凭借这些个案无法让我们对金融的作用有一个整体性、根本性的理解，要正确理解金融的作用，必须跳出金融看金融，将金融放置在社会的大背景下。

改革开放之后，中国的自杀率不断降低，是世界上自杀率最低的国家之一。但是有一个群体却恰恰相反，最近20年自杀率一直在快速上升，成为中国自杀率最高的一个群体。这个群体就是农村老年人。社会学家研究后认为，导致这一现象的主要原因是农村老年人没有劳动能力之后，被视为家庭的负担，就会觉得自己没有生存的价值。社会学家解释说，改革开放之后中国社会从礼俗社会向法理社会转型，血缘和地缘关系的社会功能逐渐削弱。在礼俗社会，家庭承担赡养老人的功能，所以中国传统文化以"孝"为"至德要道"。但是在进入法理社会之后，家庭承担的社会功能在逐渐减少，最现实的，年轻人需要离乡打工挣钱，客观上无法承担赡养老人的义务。这个分析是科学严谨的，但是还有一半的问题没解释：为什么只有农村老年人自杀率高？城市老年人为什么就不会被视为家庭的负担呢？

现代法理社会有两种养老方式：一种就是由政府来建养老院，或者用财政收入转移支付给老年人养老金，让他们能够生活下去，这种叫作财政养老体系；还有一种就是金融养老体系，在年轻的时候通过养老基金、养老保险等金融工具，实现货币的跨时间配置，在年老的时候，就可以靠领取养老金过上比较体面的生活。显然，相较于农村老年人，城市老年人有比较健全的财政和金融养老体系，所以不会被视为家庭的负担，从而失去活下去的尊严和希望。可见要解决农村老年人自杀率高的社会问题，出路在于金融。

这个案例非常雄辩地向我们显示了：在一般意义上，金融是一套解决资金跨时间配置的技术系统，就像一架人造的时光机器，它拓展了我们的选择自由，也让我们生活得更有尊严。机器本身是无所谓好坏、善恶的，金融究竟是增加大多数人福祉的"月光宝盒"，还是引发金融风险和社会问题的"潘多拉魔盒"，取决于我们怎样使用这架机器。

1.4 本书的内容、特色和学习方法

本书是金融通识教育教材。通识教育的概念最早由美国帕卡德教授提出："一种古典的、文学的和科学的，一种尽可能综合的教育，它是学生进行任何专业学习的准备，为学生提供所有知识分支的教学，这将使得学生在致力于学习一种特殊的、专门的知识之前对知识的总体状况有一个综合的、全面的了解"，其目的旨在关注学生"作为一个负责任的人和公民的生活需要"的教育，关注学生"做人"方面的教育，关注人的生活的、道德的、情感的、理智的和谐发展。其实，中国自古以来的教育都是强调"全人教育"，教育目的，不是为了传授知识以谋生，而是教人"成人（仁）"，即人格培养。通识教育的思想暗合了中国传统文化对教育本质和目的的认识。

1.4.1 内容设计：一条主线，三个问题

本书以"金融如何改变我们的生活和社会"为主线，围绕三个问题，分 8 章系统介绍现代社会中金融的作用和运行机制，并从经济发展和社会公平正义的层面分析如何善用金融的力量。教学内容围绕三个问题展开："金融是什么？金融能做什么？金融该怎么做？"

第 1 章至第 4 章，解决的是"金融是什么？"问题。主要介绍金融的基本范畴、核心功能、本质和运行机制。金融范畴建立在两个基本概念的基础之上——信用和货币，它们就像人的两条腿，支撑起了金融学的知识体系。在这一部分，阅读的主要目标是厘清概念，对基本概念有较为清晰、准确的理解，这是构建知识体系、提升思维能力的关键。本书涉及的所有重要概念，都用加粗的方式特别标注，敬请读者特别留意。

第 5 章至第 8 章，解决的是"金融能做什么？"问题。回答这个问题可以从不同的视角切入，本书选择的原则是"有趣且有用"。共享单车、金融危机、新冠疫情，都是我们非常熟悉或者对我们的生活产生了重大影响的事件，以这些事件为切入点

诠释金融的作用，启发读者的思考，或许能起到事半功倍的作用。在这一部分，阅读的主要目标是与自己的生活经验链接起来，把自己带入具体的场景，从中有所理解和体悟。

第9章，试着回答第三个问题"金融该怎么做？"要回答这个问题只能是跳出金融看金融，把金融放在一个大的社会和文化背景下。金融只能解决"正确地做事情"问题，并不能回答"何为正确"。而后者，正是传统文化要解决的问题。本书作者学识浅薄，只能诚实地呈现自己的思考，本章只是一个引子，重要的是读者自己的思考和体察。

1.4.2 本书特色：一切从实际出发

毛泽东说过："我们讨论问题，应当从实际出发，不是从定义出发。"张五常说过："只有最愚蠢的经济学家才会去研究从来没有发生过的事情"。本书一以贯之的特色就是一切从实际出发，从现实生活和社会现象入手引入问题、设置场景、解释概念并展示推理。这样做最大的优点在于能帮助读者把抽象的理论与具体的生活经验链接起来，符合辩证唯物主义的认识论。毛泽东在《实践论》中说："理性认识依赖于感性认识，感性认识有待于发展到理性认识，这就是辩证唯物论的认识论。"

除此之外，一切从实际出发还可以把抽象、零碎的概念和理论放在具体、整体的现实背景下，让读者既见树木又见森林，在阅读中培养整体思维能力，从整体联系上去认识现象、认识世界，包括认识自己。美国哲学家威尔·杜兰特在《哲学的故事》序言里说："科学家戴着眼罩工作，为了将与研究主旨无关的一切排除在外，只专注于眼睛下方鼻尖上方的一个小点儿。这样一来，他们得到的仅仅是成批堆积却又相互孤立的事实，失去了纵观全局的眼光，没有实现真正的理解，也不再能激发智慧的火花。"

1.4.3 培养科学的思考习惯

西方理性主义传统相信客观存在的自然或者社会现象背后必有规律，如果没有，那是暂时还没有发现。发现变化的现象背后的客观规律，是科学的使命；对人类已经认识到的客观规律的表述，就是理论。广义的科学是指关于自然、社会和思维发展规律的知识体系，科学研究就是发现、探索、研究事物运动的客观规律。按照广义的科学定义，科学一般分为五个门类：自然科学、社会科学、思维科学、哲学和数学。前面说过金融学脱胎于经济学，而经济学是一门社会科学。科学的基本特征是"可证伪"，即"可能被事实证明是错误的"，可能被事实推翻而没有推翻，就算是被证实了。

在学习一切社会科学过程中，有意识地培养科学思维，即提高自己的理性思考能力是非常重要的事情。没有受过科学思维训练的人，发生事情都是凭着本能的感觉立即反应，并且很容易受到别人的影响，等于放弃了对自己生命的主宰。科学的思维就是探求客观现实背后的普遍规律的过程，即"对假定进行质疑，对熟悉事物重新思考，揭示表象下的本质"。就像健身一样，科学思考能力需要反复坚持训练，最后形成习惯。

逻辑就是科学思考的规则。这种规则性的训练让我们在判断一个人讲的话是否合理时，不仅要看它是否符合事实，还要看它在形式上是否符合逻辑要求。传统逻辑主要讨论三种内容：概念、判断、推理。

1. 概念

概念即我们平常使用的名词，是对某类"人、事、物"的一般性和本质属性的概括与反映，是思维的细胞。例如花、草、大厦、货币、良知、社会主义等。任何一门学科，基本概念是关键，清晰而准确地掌握基本概念是培养思维能力的基石。一般从《现代汉语词典》和各种专业辞典与教材中，可以获得对某一概念的确切界定。概念之间的区别和联系反映的是各个"人、事、物"之间的区别与联系。因此，一套概念体系或者理论，刻画的是一个特定学科的内在联系。

2. 判断

两个以上的概念结合在一起，形成判断。判断是对事物（概念）之间的联系和关系的反映，是对事物是什么或者不是什么，是否具有某种属性的判明和断定。例如大熊猫爱吃竹子就是一个判断，涉及了两个概念（大熊猫、竹子），这两个概念之间的关系是熊猫"爱吃"竹子。判断又可以进一步分为事实判断和价值判断。

事实判断就是判明事物是什么或者不是什么，它的真假不依赖于人的主观愿望，而是取决于唯一的客观事实。例如"火星上有生命"就是一个事实判断，纵然全世界的人都认为火星上有生命也无济于事，最终这个判断是真是假只能依赖于火星探测器传回来的证据。一个事实判断要么为真、要么为假，不可能既真又假，当然可能暂时无法判断其真假。

价值判断判明的是"何谓正确？"其真假取决于人们的判断标准（价值观），对于同样的问题，不同的价值标准可能会作出不一样的价值判断。例如"歌手张杰是个好爸爸"。不同的人对"好爸爸"的价值标准不一样，就会有不同的判断。可见价值判断的评价涉及主观价值观，仅仅靠事实不能进行判断。根据我们前面讲的科学的定义和特征，无法被事实证明是错误的价值判断，不是一个科学问题。不是科学问题并不意味着不重要，只是不能用科学的方法来分析和处理。例如俗话说"家不是说理的地方"，就是说科学精神在处理家庭关系的时候，不但无用，反而会制造麻烦。

准确识别是什么性质的判断非常重要，这会避免我们做很多毫无意义的争论。更重要的是，提醒自己以开放的心胸，尝试理解和接纳各种各样的观点，这是通往广袤心灵的必由之路。只有在不同观点的碰撞中，才能慢慢形成自己的稳定的价值体系，然后据此作出自己的价值判断。歌手何勇写的《钟鼓楼》里有一句歌词："是谁出的题这么的难，到处全都是正确答案"，对价值判断，孰对孰错不是最重要的，重要的是能够辨析出每一个观点背后有哪些依据和隐藏的价值观。

3. 推理

推理在形式上表现为判断和判断的联系，它是从事物的联系或关系中由已知合乎逻辑地推出未知。推理由前提和结论所构成，其中前提为结论提供理由，结论就是被前提支持的判断。前提必须是一个"真"的事实判断，只有可靠的前提才能推导出有意义的结论。因此，当我们判断一个推理是否成立的时候，首先要看前提是不是为真，在前提为真的条件下，再看论证的过程是否符合逻辑。我们来看两个例子。

前提：鸟有羽毛，且鸟会飞。

结论：长了羽毛的东西就会飞。

这个前提为真，但是结论显然是错误的，问题出在哪里？这个推理其实隐藏了一个前提，完整地写下来，应该是这样的：

前提：鸟有羽毛，且鸟会飞。

隐含前提：鸟会飞是因为长了羽毛。

结论：长了羽毛的东西就会飞。

这个隐含前提是错误的，所以导致结论是错误的。怎样判断一个判断是错误的呢？我们前面说过，用事实来证伪。例如风筝没有羽毛也会飞，就证伪了隐含前提。再来看一个例子。

前提：天上有云。

隐含前提：下雨的时候天上一定会有云。

结论：要下雨了。

这个论证的前提和隐含前提都为真，但是结论不成立。问题出在论证的过程，下雨的时候天上必然有云，并不能推导出有云的时候必然下雨，也就是"有云"是"下雨"的必要条件，但是不是充分条件。

在现实生活中，面对媒体和"专家"的观点，我们要有意识地将其拆分成判断和推理，找出其隐藏的前提，然后根据掌握的理论和逻辑规则作出判断。例如"延迟退休会导致年轻人失业率增高"这是一个结论，是一个事实判断，可以被事实证明。但是，现实数据往往较难获得，我们也可以用推理的方法来分析。这个结论的隐含前提至少有两个：第一个是就业岗位是固定的；第二个是就业岗位对年龄和经验的要求是无差别的。显然，前提是不能令人信服的，那么结论自然也就不那么靠谱。

本章小结

根据我国的金融实践，可以把金融范畴界定为：凡是涉及货币供给，银行与非银行信用，以证券交易为操作特征的投资，商业保险，以及以类似形式进行运作的所有交易行为的集合。金融的核心功能是实现货币资金在盈余方和赤字方之间的跨空间、跨时间配置，以提高货币资金的利用效率。在现代经济生活中，金融体系是一个极其庞大的复杂系统。概括地说，现代金融体系有五个构成要素：由货币制度所规范的货币流通、金融市场、金融机构、金融工具、金融制度和调控机制。

经济学是金融学的母体。金融学对这个世界的认识视角和方法，以及基本的分析框架，完全脱胎于经济学。经济学研究的主题是在资源稀缺的限制条件下，一个社会如何进行组织才能最有效率地利用其有限资源，获得最大利益。在经济学家看来，用市场这只"看不见的手"配置稀缺资源是最有效率的，价格信号是市场配置稀缺资源的工具。除此之外，稀缺资源还可以按照暴力规则、权力规则、地缘和血缘关系、时间顺序以及随机概率来分配等，按照不同的规则分配稀缺资源，胜出的将是不同的人群。在市场经济中，市场在资源配置中起决定性作用。

经济学的基本假设是所有权衡取舍的决策都是由个体作出的，并且个体是追求自己利益最大化的理性人。供给和需求是经济学最基本的分析框架，市场将供给和需求结合起来，所谓均衡价格是使供给量等于需求量的价格。

社会是群体中分工合作体系的总称，也是代表群体维持这分工合作体系的力量。社会学认为社会和个人是不可分离的辩证统一体，个体的决策是巨大的社会力量和个体特性之间复杂互动的产物，因此要理解个人的行为，必须将其置身于特定的社会结构中。地位、角色、群体、组织和制度，是社会结构的基石，而文化则是将这些基石砌到一起的水泥。

要理解金融的作用，必须将其置于社会的大背景下。在一般意义上，金融是一套解决资金跨时间配置的技术系统，它拓展了我们的选择自由，也让我们生活得更有尊严。技术系统本身是无所谓好坏、善恶的，金融究竟是增加大多数人福祉的"月光宝盒"，还是引发金融风险和社会问题的"潘多拉魔盒"，取决于我们怎样使用这架机器。

问题讨论

1. "金融是现代经济的核心"是一个事实判断还是价值判断？你是怎么理解这个判断的？
2. 试列举你自己或者身边亲友的经历，说明你对金融作用的理解。
3. 用自己的话分析一下经济学家和社会学家在分析社会现象的时候有什么不同。
4. 关于大城市的车牌号，你认为该如何分配才合理？

即测即评

请扫描右侧二维码，进行即测即评。

第 2 章
货币的变与不变

> 这就是您难以确定的那个生命的意义:如此谦卑和忠实地用那零零星星的钱,为全家换来一种叫作日子的好东西。
>
> ——子娟

 思维导图

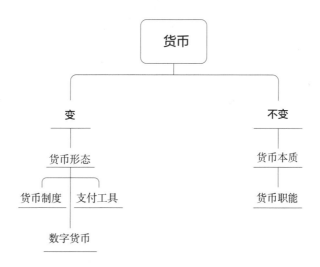

导入故事：请注意你的支付方式

2018年12月12日，中国银联（China UnionPay）在主要城市的各大超市搞了一个活动，消费者只要在手机上下载一个银联"云闪付"App，然后用它来支付，就可以享受半价优惠。例如买了100元的东西，只要付50元，剩下50元银联给垫上。

银联在各大超市挂出来这样的大标语："请注意你的支付方式！！！"还请了毛不易来做形象代言人，因为"一毛钱都不容易"。如图2-1所示。

图2-1 毛不易代言"云闪付"

很多从来没有尝试过手机支付的大爷大妈，经不起半价补贴的诱惑，在服务人员的帮助下，现场下载"云闪付"，也算是步入数字经济时代。很多人的手机里都有支付宝或者微信，但是可能没有多少人会有"云闪付"。那么银联是个什么样的机构？为什么要花这么大的本钱跟支付宝和微信较劲呢？故事还要从20多年前讲起。

2.1 没有硝烟的支付大战

也许过不了多久,我们就需要费力地跟"后浪"们解释:"过去我们出门买东西的时候是需要带钱包的,如果不用现金支付的话,我们就要刷银行卡。那个时候谁手里都有几张银行卡,而银联,是银行卡江湖的老大。"

2.1.1 细说从前:银联一统天下

让我们设想这样一种消费场景:我们办了一张中国工商银行的卡,然后到沃尔玛超市(特约商户)去买东西。我们是持卡人,中国工商银行是发卡行。我们在一个叫作POS(point of sales,销售终端)的机器上刷一下卡,然后钱就从我们的银行卡账户上扣下来了。帮助沃尔玛完成收款服务的银行就叫作收单行,我们假设中国建设银行是收单行,也就是说钱要从中国工商银行的账户上扣下来,然后通过中国建设银行转给沃尔玛超市。那么在中国工商银行和中国建设银行之间就需要有一个银行卡组织为它们进行资金的清算,这个银行卡组织就是中国银联。

中国银联成立于2002年3月,是经国务院同意,中国人民银行批准设立的中国银行卡联合组织,总部设于上海。如果你注意观察,就会发现我们看到的绝大部分银行卡上都有银联标志。2019年9月,中国银联已成为全球发卡量最大的卡组织,发行近80亿张银行卡。

接着刚才的场景,收单行(中国建设银行)在POS机刷卡的同时把钱先行垫付给沃尔玛,然后再通过银联跟中国工商银行进行清算。在这个流程中,各方是怎么盈利的?首先,发卡行(中国工商银行)可以收取年费,这是一个固定的收入。然后我们拿着这张卡去沃尔玛消费,沃尔玛是需要把一部分的销售回扣,返给收单行和发卡行的。无论是发卡行(中国工商银行)还是收单行(中国建设银行)都需要给银联交服务费,因为需要银联提供资金清算服务。无论哪个银行,只要发行了带有银联标志的卡,就需要缴纳服务费,所以在银行卡支付的时代,银联是妥妥的江湖老大。

2.1.2 重洗江湖：支付宝横空出世

这种银行和银联都过得很滋润的日子，被横空出世的支付宝彻底改变了。这个"宝宝"诞生于2003年，最开始只是为淘宝网线上购物提供买卖双方的第三方支付服务。阿里创造"支付宝"的初心，是解决制约电子商务发展的瓶颈问题——买卖双方互不信任。比如你在网上看到一个包，想买，商家要求你先付钱，再把包寄给你。那你就会担心"万一我付了钱，商家不给货，或者给了一个假货怎么办？"。同样，如果商家先发货，也会担心你不付钱怎么办。消费者和商家之间的互不信任，制约了电子商务的发展。阿里推出支付宝这个产品，最开始仅仅是开创了一个电子商务第三方担保交易的模式：你把钱给支付宝，待拿到包确认没问题以后支付宝再把钱付给商户，这样就解决了消费者和商家彼此不信任的问题。

支付宝发展起来之后，直接把消费者和商家的银行账户链接起来了，为他们提供支付清算服务。越来越多的人习惯于网上购物，不需要刷POS机，不需要收单行和发卡行，看上去没有银行什么事儿了。但其实消费者只是把钱从银行卡里转到了支付宝里，因此实际上银行并没有消失，只不过是从海平面之上到了海平面之下。只是商家的消费回扣，不再支付给收单行，而是支付给支付宝。销售回扣对银行来说是一笔非常可观的收入，现在这笔收入被支付宝给"截和"了。更重要的是，在用支付宝线上购物的过程当中，银联出局了。

阿里巴巴抓住互联网带来的机遇快速扩张，为了让更多的人接受支付宝，在2008年11月11日开始搞"双11购物狂欢节"。后来支付宝占到了线上支付市场份额的50%以上，2011年中国人民银行向支付宝等第三方支付机构颁发了《支付业务许可证》。

如果支付宝仅仅把自己的势力范围锁定在线上电子商务领域，对银联造成的伤害还不算大，因为在线下支付市场，银联的地位仍然不可撼动。总归仍然有人在商场里买东西，线下消费总归还是要刷卡，银联还是可以获得利润，即使它的蛋糕在不断地被人切分。

但是，2014年12月12日，阿里巴巴开始搞"双12全球狂欢节"，正式进军线下消费市场。"双12"其实是借鉴了"双11"线上运营的成功经验去占领线下市场，这一天只要用支付宝线下扫码消费，每一单补贴20元。大爷大妈们呼朋唤伴拥入超市抢购，在享受了优惠的同时，也体验了移动支付的便捷：收银员把扫码枪对准付款码，"嘀"声响过、支付完成。"双11"和"双12"成功的经验表明，阿里系很有办法让消费者陷入一种集体无意识的狂欢之中，并由此给商家带来巨大的流量和商业利益。

曾经的江湖霸主银联，退一步并没有海阔天空，反而到了无路可退的地步。时代会淘汰落伍者，哪怕是昔日的江湖霸主。

2.1.3 决战"双12"："扫码派"大败"闪付派"

在中国移动支付发展历程中，2015年的12月12日是很重要的一天，中国移动支付两大门派："扫码派"和"闪付派"，都在这一天"大秀"了一把。

这天上午中国银联联合多家银行发布了其移动支付的品牌"云闪付"，与"支付宝"的扫码支付不同的是，"云闪付"用的是近距离无限通信（near field communication，NFC）技术，中国银联酝酿这个项目已经多年。消费者只要在手机银行中激活"云闪付"功能，就能在带有"闪付"标识的POS机旁刷手机完成支付，整个支付过程很像我们坐地铁时用交通卡刷闸机进站。

"扫码"和"闪付"，对消费者来说，消费体验不分伯仲，都同样快捷、便利，只要有一款带有NFC功能的安卓手机。但是对于收款方来说，接受"闪付"的一个前提条件是要有一台新型POS机，最便宜的也要一两百元，而在扫码支付中，收款方只需要打印出一个二维码，有一部智能手机就好。大的商超配置带有闪付功能的POS机不成问题，但是一些小的商家，如菜市场、水果摊或者早点铺，情况就会发生变化。

遗憾的是市场对更先进的NFC技术支持的"闪付派"似乎并不买账，移动支付市场上仍然是"扫码派"的"二马当先"（马云和马化腾，即支付宝和微信支付）。

知耻而后勇，2017年12月11日，银联和各个商业银行联手推出了"云闪付"App，开通了扫码支付的功能。消费者只要在手机上下一个App，绑定任何一家银行的银行卡，就可以扫码支付，这样客观上也统一了各银行的支付二维码。

回顾这场没有硝烟的支付大战：1986年中国银行发行了中国第一张银行卡，消费者开始接受和习惯用银行卡支付；2002年银联成立，统一了银行卡江湖；2003年"支付宝"诞生，消费者开始逐渐习惯在网上购物；2014年互联网巨头抢滩线下支付市场，消费者逐渐习惯了出门不带钱包只带手机。弹指一挥间，30多年过去，在金融科技的推动下，我们的支付习惯悄然发生了翻天覆地的变化。

2.2 货币形态和货币制度的演变

2.1节我们简单地回顾了30多年来我们支付习惯的变化，那么我们使用的"微信""支付宝"和"云闪付"或者银行卡，是货币吗？现在我们就来回答这个问题。

2.2.1 货币的起源

货币是人类在发展到一定的阶段自然而然出现的。在原始社会集体劳动，是不需要货币的。后来随着生产力的发展出现了分工，有一部分人擅长捕鱼就专门捕鱼，另一部分人擅长打猎就专门打猎，于是就出现了一个矛盾：捕鱼的不能只吃鱼，打猎的不能只吃肉。解决这个矛盾的办法就是交换，有了分工就一定需要交换。最早的交换是简单的物物交换，但是物物交换有很大的局限性，必须双方都恰好想要对方的东西，即"光脚的理发师寻找长发的鞋匠"。这种巧合显然不容易出现，物物交换成为制约生产力发展的桎梏。

后来，随着交换越来越频繁，我们的祖先在交换过程当中就会发现有一些物品大家都比较喜欢，如牛、羊、布匹、贝壳等。慢慢地，这些被普遍接受的物品，可以用来交换任何东西，成为所有物品交换的媒介，这时候直接的物物交换就让位于通过媒介进行的间接交换。这个用来做媒介的物品，马克思称之为一般等价物，即货币。据古籍记载和考古发现，中国最早的货币是天然海贝，大约在公元前 2000 年，即夏朝的时候就出现了。在汉字中，"贝"为与财富有关的汉字的部首，如财、贸、贷、贫、贱等，是以贝壳作为货币的佐证。

2.2.2 货币形态的演变

从货币的起源我们知道，人类社会最早出现的货币形态是某种被普遍接受的物品，即实物货币。除了贝壳外，古代欧洲的雅利安民族以及古波斯、印度、意大利等地，都有用牛羊做货币的记载，在美洲有用烟草、可可豆充当货币的记载。

大约在公元前 500 年，世界上比较发达的民族都先后选择了金属充当货币。这是因为充当货币的商品本身应该具有这样几个特点：一是价值较高，这样可以用较少的货币完成交易；二是易于分割，也就是说分割之后不会影响货币本身的价值，以便于不同价值的商品进行交换；三是易于保存，不会变质或者毁损；四是便于携带，这样可以在广大的地区里进行交换。贝壳、牛羊等都部分具有以上特征，但不是完美的货币。例如，贝壳作为货币的优点是价值比较高而且携带起来比较方便，牛羊作为货币最大的优点就是自己可以行走，携带方便且价值较高。但是，无论是用牛羊还是贝壳作为货币，都无法分割，一旦分割，货币本身的价值就被损毁了，因此无法用于交换价值较低的物品。而金属，不但可以按照不同比例分割，而且分割后还可以冶炼还原，完美地具备了上面四个特征。

最早的金属是以条块流通的，使用的时候需要称量，为了方便交易，有些有名望的商人在金属块上打上了印记，标明重量和成色。后来，当商品交易进一步发展并突破了地域限制之后，客观上要求对金属货币的重量、成色有更权威的证明。于是，铸币出现了。所谓铸币，就是由国家统一铸造，并标记其重量和成色的金属货币。

中国最早出现的铸币是铜铸币，产生于春秋战国时期，由于各个地区生产方式和文化发展的差异，铸造的货币形态差异很大。例如以农业为主的中原地区（今天河南、山西一带）使用布币，这种货币形制来源于农具铲。以游牧、渔猎为主的东部和北部地区(今山东、河北、北京等地),使用起源于削刀的刀币。秦始皇统一六国,在书同文、车同轨、统一度量衡的同时,还统一了币制,将秦国圆形方孔的半两钱推行全国,从此外圆内方成了之后2000余年我国铸币的基本形制(图2.2)。

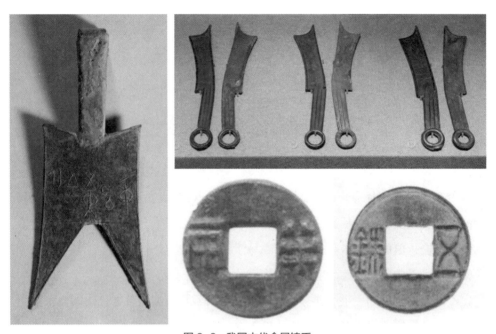

图 2-2　我国古代金属铸币
图片说明：左图为春秋中晚期晋国的布币，右上为齐国的刀币，右下为秦国的半两钱和汉代的五铢钱。
图片来源："中国钱币博物馆"微信公众号

在10世纪末的北宋年间,中国出现了世界上最早的纸印制的货币——交子,最初是由四川商人联合发行的,在四川境内流通,可以随时兑换成金属货币。后来由于商人破产,官府设置专门的机构发行交子,名义上可以兑换,但大多数时候不能兑换,流通范围也由四川扩大到各地,成为南宋的一种主要货币。元朝和明朝在全国范围内实行纸钞流通的制度,并且企图禁止金属货币流通,但是由于滥发导致纸钞急剧贬值,最终退出了货币流通。

现在我们使用的纸币(现金),是由中央银行代表国家发行的主权信用货币,和古代的纸钞有本质的不同。古代的纸钞,之所以被接受,归根结底还是因为可以兑换成金属货币，也就是说纸钞的信用来自金属货币的价值，纸钞本质上只是金融货币的代用货币。而现代中央银行发行的纸币是完全不可兑换的，靠国家法律强制流通，也就是说，人们之所以愿意接受纸币，是基于对主权国家的信任。

从 2.1 节讲到的支付大战中我们已经知道，随着电子技术和网络技术的迅速发展，银行卡、网络支付、移动支付①取代了现金和支票，成为广泛运用的支付工具。但是，无论是银行卡还是支付宝、微信、云闪付，都不是货币，它们只是一种支付工具。无论是银行卡还是支付宝或者微信支付，背后都需要绑定一个银行账户，当我们消费的时候，减少的是银行账户上的存款金额。因此，真正执行货币职能的是银行存款，即所谓的存款货币。

2009 年，一种称作"比特币"（Bitcoin）的网络加密数字货币开始风靡全球。2019 年 6 月，全球最大的社交平台 Facebook（脸书）推出一种名为"Libra"的数字货币（天秤币）。几乎与此同时，中国的央行（中国人民银行）也推出了数字人民币。无论是比特币、天秤币，还是央行数字货币（central bank digital currencies，CBDC），都不需要绑定银行账户，是一种全新的货币形态，我们将在 2.4 节展开讲述。

人类社会迄今为止出现的货币形态可以概括为图 2-3。

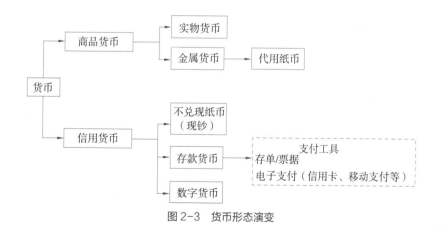

图 2-3　货币形态演变

---

① 移动支付就是依靠移动通信工具（如智能手机）完成的支付，无论是支付宝、微信的扫二维码支付，还是银联的"云闪付"，都属于移动支付。

2.2.3 货币制度的演变

货币制度（monetary system），简称币制，是针对货币的有关要素，货币流通的组织与管理等内容以国家法律形式或者国际协议形式加以规定所形成的制度。随着商品生产和交易的发展，货币制度在不断地演变。从货币发展史来看，主要有两种货币制度：金属货币制度和主权信用货币制度（法定货币制度）。

金属货币制度主要包括金银复本位制和金本位制。金银复本位制是资本主义发展初期（16—18 世纪）的典型货币制度，其基本特征是：金、银两种金属同时被法律承认为货币金属，金、银铸币都可自由铸造，都有无限的法定支付能力。由于金银的相对价格不断变化，这种币制很不稳定，19 世纪，从英国开始，主要资本主义国家先后过渡到金本位制。

由于金属货币固有的缺陷（如造成极大的资源浪费、携带不方便、由于数量不足造成紧缩等），大约 18 世纪，出现了商业银行发行的保证可以随时兑换成金属货币的纸币——银行券。银行券最大的优势是携带方便，能够满足大额、异地交易的需要。第一次世界大战时，世界各国的银行券普遍停止兑现，后来有的国家曾一度实行可兑换成金块或者外汇的货币制度，但到 20 世纪 20 年代末，世界主要国家的银行券完全不可兑换。货币脱离了实物，转化为纯粹的价值单位或一般等价物，其本身不再具有使用价值。它之所以能够被社会所接受，是因为一国货币是建立在整个国家可交易财富的支撑和信用基础之上，受到国家主权和法律保护的，所以，这种货币被叫作"信用货币"，也被称为"主权信用货币"或"法定货币"。在信息技术高度发展的今天，电子货币的运用越来越广泛，甚至已经出现了数字货币，但无论货币形态如何变化，货币制度归根结底还是主权信用货币制度。

从以上对货币制度演变历史的简单回顾可以看出，货币制度是一种开放、包容的社会制度，能够自我革新、与时俱进，以适应经济发展产生的商品交易需求。但是货币制度演变的背后有着不以任何人意志为转移的客观规律，只有符合这一客观规律的货币制度创新才能代表未来。那么这一客观规律是什么呢？节约交易成本是经济生活中最基本的规律，经济制度、经济结构、经济活动方式，之所以这样演化而不是那样演化，最终都可以从社会费用、社会成本的节约这一角度找到解答。节约交易成本是货币制度演进的客观规律，不了解货币制度演变的历史及其客观规律，就不可能正确地理解货币的本质及其未来演进的趋势。

2.3 货币的本质及其职能

前面，我们从银联"云闪付"和"支付宝""微信支付"的支付大战开始讲起，介绍了货币形态的演变和货币制度的变迁。在数千年的货币史中，变的是货币的形态和货币制度，不变的又是什么呢？

2.3.1 货币不变的职能

归纳国内外对货币职能的论述，一般认为货币有三个主要职能：价值尺度、交易媒介和价值储藏。无论是实物货币、金属货币还是现代信用货币，不管货币的形态如何演变，货币的职能始终不曾改变。

1. 价值尺度

价值尺度（又被表述为计价标准）是指货币是衡量和表现一切商品和劳务价值大小的工具，价值尺度是货币最基本的职能。就像我们用尺子来测量距离，用秤来称重量一样，我们用货币来衡量商品和劳务的价值，从这个意义上讲，货币是一种工具。也正如度量距离需要长度单位（米或者公里）一样，衡量商品的价值也需要货币单位，这样不同的商品才可能相互比较，交易才可能产生。在实物货币和金属货币时代，最初货币单位与币材的自然数量单位是一致的，如贝壳以"朋"计算，牛羊以"头"计算，金属以重量单位"两"或者"磅"计算。后来，货币单位就与自然单位逐渐分离。

20世纪70年代贵金属"非货币化"之后，货币单位与自然单位彻底没有关系了。现代社会的货币单位主要有两种表示方法：一种是货币单位与自然单位完全脱节，如常用的货币单位"元"。在货币单位"元"前面加上国名,即为该国货币的名称,如"美元""加拿大元""日元"等;另一种是货币单位仍然沿用贵金属重量单位,但已经与重量毫无关系,如"英镑"。

2. 交易媒介

交易媒介是指货币是商品交易中购买和支付的手段。现代社会的"打工人"总是需要把自己的劳动力或者产品变成货币(收入),然后再用货币去购买自己需要的商品(支出),货币成为商品交易的桥梁或者媒介。

交易媒介职能还有一种特殊的方式:在商品交易过程中,商品和货币的交换不是同时发生。例如,想买,但是手头没有钱,可以刷信用卡或者用京东白条,过一阵子有钱了再还上;或者商家卖产品,买家手头没有现钱,先打个欠条或者开一张商业承兑汇票。在赊买赊卖的过程中,货币执行的就是支付手段职能。在商品经济发达的现代经济社会,货币作为支付手段使用非常普遍,如工资、佣金、房租、税收、水电费,以及各种形式的商业信用和消费信用[1]。实际上,我们往往很难区分货币什么时候执行的是支付手段职能,什么时候执行的是一般交易媒介职能,也没有必要区分。所以,就把支付手段职能合并到交易媒介职能里面,作为交易媒介职能的一种特殊方式。

3. 价值储藏

价值储藏是指货币是积累和保存价值的途径。"打工人"挣的钱一般不会全部花掉,总要有一部分存在银行或者"余额宝"里,一方面可以获得利息收入,另一方面在急需用钱的时候也不至于走投无路。

货币的价值储藏职能,实际上是价值尺度和交易媒介职能的延伸。正因为货币可以为所有的商品和服务定价,也可以换取人们想要的任何商品,所以自然而然就代表了对社会财富的索取权。人们储藏货币,是为了保存价值、积累财富。需要注

---

[1] 商业信用是指工商企业之间相互提供的、与商品交易相联系的信用形式,主要体现为应收账款、商业票据、分期付款等形式。消费信用是指商家或者金融机构向消费者提供的、用于消费的信用形式,常见的有信用卡透支、蚂蚁花呗、京东白条等。有关信用的具体内容将在第3章展开。

意的是，金属货币的价值储藏职能和现代信用货币是截然不同的，金银本身有价值，因此不管是埋在地下还是制作成金银首饰，当金属货币执行价值储藏职能时，就退出了商品流通。而现代信用货币，本身是没有价值的，当企业或者个人把钱存到银行里，对货币的持有人来说，是在执行货币的价值储藏职能。但是，对整个社会来说，并没有对应数量的真实价值退出货币流通。

当然在信用货币制度下，也有人直接储藏纸币，有新闻报道说某位老太太把钱埋在地底下，结果全部都腐烂了。所以，这种直接储藏纸币的方式，货币不但不会升值，反而因为通货膨胀可能会贬值，甚至贬损到一文不值。

2.3.2 货币不变的本质

如何界定货币的本质？由于思考的角度和深度不同，会有不同的答案。本书从货币职能和社会关系视角来分析货币的本质。

1. 一般等价物

中国的货币思想由来已久，《管子》是先秦时期的经典作品，其中有很多关于经济和货币的思想。如"刀币者，沟渎也"，"黄金，刀币者，民之通货也"，强调货币在商品流通中的媒介作用。在西方经济学中，一直是从流通、支付的职能来界定货币的本质的。亚当·斯密认为："货币是流通的大轮，是商业的大工具。"[①]马克思对货币本质的界定既简明又完整，即"价值尺度与流通手段的统一是货币"，货币在商品世界中排他性地起一般等价物的作用。

总之，从货币职能视角界定货币的本质，需要把握以下两点：第一，货币是被普遍接受的一般等价物，用于购买、支付，是商品流通的媒介；第二，由于货币是经济中的一般价值形态，天然地成为商品价值的计量标准，赋予商品和服务以价格形态。

2. 社会选票

在第1章我们知道，人类社会对稀缺资源的分配方式，有一种是基于价格信号，

---

① 亚当·斯密. 国民财富的性质和原因的研究：上卷[M]. 北京：商务印书馆，1974: 25.

就是谁出价高谁得到。市场经济的本质就是按照价格信号配置稀缺资源，以实现资源配置的效率最大化。根据经济学的基本假设，每个人都是理性的，资源是稀缺的，谁愿意为某件商品出最高的价格，就说明谁有最强的支付意愿和支付能力，那么这件商品就应该配置给谁，因为此时商品的价值得到了最大的体现。

显然，在市场经济下，所有的商品都是通过市场交易来配置的。而货币，是市场经济存在的一个前提，如果没有货币的话，就不存在价格信号，也不存在市场经济。从这个意义上讲，持有货币，就被认为拥有了对社会财富的占有权。无论是想要一套房子还是一件衣服，我们都需要用货币去购买。从另一个角度说，我们必须把自己拥有的资产在市场上卖给别人，换成货币，才能买来我们想要的东西。不管我们拥有的财富是一块黄金、一套房子，还是我们的劳动力。

正是因为货币代表着对社会财富的占有权，所以又被称为"社会选票"。货币就像选票一样，我们在市场"投票"给我们需要的商品，如一部电影票房很高，这就表明大家都愿意看，用货币作为选票给这部电影投了一票。与此同时，我们也在被别人"投票"选择，也就是说，我们生产出来的产品或者服务，只有被别人需要（在市场上卖出去），才能获得货币"选票"（收入）；而只有拥有了货币"选票"，我们才有权利在市场上"投票"给别人（购买我们需要的商品服务）。就这样，货币把整个社会编织成了一张商品流通的大网，我们每个人都是网上的一个结，既是供给者又是需求方，既需要别人也被别人需要。

3. 信任系统

彼此信任是交易成功的关键。即便是货币产生之前最简单的物物交易，也需要基于某种基本的信任才能够完成，这种信任往往源自某种特定的天然属性，如血统、地域、亲疏等。亚当·斯密在探讨货币的起源时说道："为了避免这种（物物交易的）不便，除自己劳动生产物外，随时身边带有一定数量的某种物品，这种物品，在他想来，拿去和任何人的生产物交换，都不会被拒绝。"[1] 也就是说，货币的出现，是

---

[1] 亚当·斯密. 国民财富的性质和原因的研究：上卷 [M]. 北京：商务印书馆，1974: 21.

基于人们对某种商品的共同信任。"货币是人类建立的第一个抽象的'系统信任',它接替和取代了若干具体的'人际信任'的功能。"① 货币反映了建立在信任基础上的人际关系,它最根本的作用在于减少不确定性,从而节约了交易成本。

从这个角度来认识,货币本质上是一种信用(credit)工具,货币制度本质上是一套信任系统。不论货币以哪一种形态呈现,都是对支付的承诺,都有其信用基础。瑞典著名经济学家维克塞尔说:"严格地说,我们可以断言,一切货币——包括金属货币——都是信用货币。这是因为直接促使发生价值的力,总是在于流通工具的接受者的信心,在于他相信借此能获得一定数量的商品。"② 而信用是不可能凭空产生的。最初的商品货币信用的基础是对充当货币的商品自然属性的信任,后来的可兑换货币的信用是源自对货币发行机构可兑换承诺的信任,而现行的法定货币的信用则是基于对政府权威(authority)地位的信任。根据现代货币发行的准备制度,法定货币的发行需要以黄金、外汇或者国债作为准备金,而国债是以国家税收为担保的。因此,法定货币的偿付能力保证来源于国家税收,只要国家机器还在正常运转,人们就有理由相信货币能够正常流通。

总之,货币绝不是一个纯粹的经济范畴,它代表着一个人的安全感、尊严、威望和权力。即便货币买不来幸福,但很多很重要的东西,依然依赖于货币。

2.4 比特币、天秤币和央行数字货币

按照出现的先后顺序,目前数字货币主要包括三类:依托于特定网络体系、无任何信用基础、去中心化的私人加密数字货币,以 2009 年初推出并运行至今的比特币为代表;与单一或者一揽子法定货币挂钩,主要运用于特定网络体系的超主权数字稳定币,以 Facebook 公司推出的天秤币(Libra)③ 为代表;各国央行推出的数

---

① 郑也夫. 信任论 [M]. 北京:中国广播电视出版社,2001:180.
② 维克塞尔. 利息与价格 [M]. 北京:商务印书馆,1997:40.
③ 2020 年 12 月 1 日晚,Facebook 官网更新信息 Libra 已更名为 Diem。本书仍然沿用其被广为人知的名字 Libra。

字形式法定货币,即央行数字货币。

2.4.1 比特币为什么不是货币

1. 哥只是一个传说

按照被普遍接受的说法,比特币的创始人是中本聪(Satoshi Nakamoto)。据说中本聪是美籍日裔,2008年11月发表了一篇论文《比特币:一种点对点的电子现金系统》,陈述了他对加密数字货币的新设想。2009年1月3日,中本聪在位于芬兰赫尔辛基的一个小型服务器上,亲手创建了第一个区块——比特币的创世区块(genesis block),并获得了系统自动产生的第一笔50枚比特币的奖励,首枚比特币就此问世。之后,中本聪就从江湖上消失了,谁都没有见过本尊。

比特币是一种依托于区块链技术、实行点对点通信的开源式匿名数字货币,是世界上第一个去中心化的分布式匿名数字货币。它的产生不依靠任何机构或个人,而是通过操作者利用计算机解决一个特定的数学问题的方式。比特币的总量与单位时间新增供应量均由系统严格锁定,不可人为调控,人们形象地将其比喻为"挖矿"。随着参与获得比特币活动的人越来越多,获得比特币的成本和难度就会越来越大。最后一个区块产出比特币的时间大约是公元2140年,到那时流通中比特币的总数将恒定维持在 20 999 999.976 9 BTC,产出会从 0.000 000 01 BTC 变为 0 并不再生产新的比特币。

比特币诞生之后,被一群完全不懂区块链技术的人追捧,价格大涨大跌,像是坐上了过山车。更惊人的是在比特币基础上,又发展出以太币、莱特币等 1 700 多种加密数字货币,直接引发了一种空前的投机狂热。

2. 比特币不是货币

从前面的分析我们知道,无论货币形态如何演变,货币的职能和本质从来没有变过。所谓"货币",就是"货物"之"币","币"则是价值的计量单位和表现方式,这就决定了货币最核心的功能就是价值尺度。要充分发挥货币的价值尺度功能,就需要保持货币币值的基本稳定。而我们看到,由于投机炒作,比特币自己的币值非常不稳定，忽高忽低、大起大落，根本无法承担价值尺度的职能，不可能成为货币，只可能是一种可以投资的数字资产（图2-4）。正是因为私人加密数字货币在发展过程中暴露出价格大幅起落的问题，催生出与法定货币挂钩的"数字稳定币"，其典型代表就是天秤币。

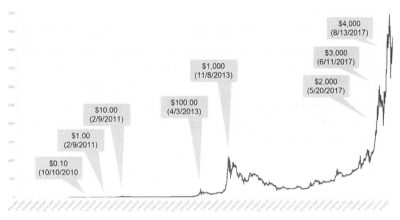

图2-4　比特币价格走势图
资料来源：时代财经网，2021年1月11日

2.4.2　天秤币是货币吗

天秤币是由美国社交网站Facebook（脸书）发布的加密数字货币。通过机构运营，设立普通货币储备金进行在线存管等方式，确保储备金的稳定，避免出现以比特币为代表的私人加密数字货币币值高度不稳定的现象。2019年6月18日，Facebook发布天秤币白皮书，表示天秤币将由一个"独立、非营利机构"运营，该机构总部设在瑞士日内瓦，宣称"Libra的使命是建立一套简单的、无国界的货币和为数十亿人服务的金融基础设施"，"我们的目标是成为金融服务的基础和核心"，"让跨境汇款像发短信一样安全便捷"。天秤币的价值以储备资产为基础，其币值与5种法定货币（美元、欧元、英镑、日元、新加坡元）挂钩，其中美元占比50%。

基于 Facebook 全球用户数量接近 30 亿人，很多人想当然地认为，Libra 的推出，将在全世界用户中广泛流通使用，成为全新的超主权货币，将强化美元的国际地位，因而会对国际货币体系和人民币国际化产生重大冲击。可是，现实并没有如这些人预期的那样发展，天秤币推出后使用范围非常有限，包括支付巨头 PayPal、Visa 在内的四分之一初始成员退出天秤币协会。特别值得一提的是，尽管天秤币挂钩的一揽子货币中，美元权重最大，美国政府和美联储却并不买账。原因很简单，如果天秤币果然如愿以偿地"成为金融服务的基础和核心"，首先冲击的就是作为国际货币体系中心的美元。

总之，天秤币虽然解决了比特币等私人加密数字货币的致命问题——币值不稳定，但是仍然是一种私人的超主权数字货币，缺乏国家主权和法律保护，没有明确的社会财富与之对应。更重要的是，由于对现行主权信用货币制度和国家货币政策形成了挑战，必然会遭遇各国政府的抵制。现在看来，天秤币最大的可能是，成为一种在一定范围（如 Facebook 平台）内有限流通的"代币"。在一个国家只能流通一种法定货币的情况下，也允许在一定范围流通的"代币"存在。例如在我国，法定货币是人民币，但仍允许单位食堂有自己的饭卡，一些商场有自己的购物卡，一些电商平台有自己的积分或"Token"，但这些只是人民币的"代币"，只能在一定的社区或商圈内使用，要受到严格的货币监管。

2.4.3 王者归来：央行数字货币

1. 探索中的央行数字货币

国际清算银行（Bank for International Settlements, BIS）2020 年 1 月发布报告称：全球 66 家主要央行，80% 在开展数字货币相关研究；40% 已经从理论研究阶段进入实验和测试阶段；10% 的央行已经在进行数字货币的开发和试点工作。截至 2020 年 10 月，全球已有 36 个央行对外宣称，将计划施行数字货币计划，就连曾经对数字货币持抵触态度的日本央行也转变了态度，表示将在 2021 财年对数字货币开展可行性研究。

央行数字货币是一场世界级的货币形态革命，其意义重大。推出央行数字货币不仅是为了应对比特币、天秤币等私人加密数字货币的挑战，捍卫主权货币的地位，也是为了应对新冠疫情的暴发带来的新挑战。

2."碰一碰"数字人民币

早在 2014 年，人民银行就启动央行数字货币的前瞻性研究，2017 年中国人民银行数字货币研究所成立，成为全球最早从事法定央行数字货币研发的官方机构。根据官方的定义，数字人民币（e-CNY）是由中国人民银行发行的数字形式的法定货币，由指定运营机构参与运营并向公众兑换，以广义账户体系为基础，支持银行账户松耦合功能，与纸钞和硬币等价，具有价值特征和法偿性、支持可控匿名。

2020 年 10 月 8 日晚间，深圳市人民政府发布通知，将联合人民银行在罗湖区开展数字人民币红包促进消费试点活动，由罗湖区财政出钱，面向在深个人采取预约后"摇号抽签"的形式，发放 1 000 万元"礼享罗湖数字人民币红包"，每个红包金额为 200 元，红包数量共计 5 万个。中签者根据中签短信指引下载"数字人民币 App"，并在选定的银行（工、农、中、建四行选一）开通"数字人民币钱包"后，即可领取 200 元数字人民币。收到的红包在罗湖区辖内已完成数字人民币系统改造的 3 389 家商户无门槛消费，可根据实际交易情况分次使用，但不能转给他人或兑回至本人银行账户。这是数字人民币首次进行一定范围的社会公测或实际使用，标志着数字人民币真正呼之欲出了。

2020 年 12 月，苏州市政府也联合人民银行向市民发放数字人民币红包，12 月 11 日晚 8 点，苏州中签市民的数字人民币红包正式生效，提前开启了自己的"双 12"消费狂欢。对比深圳和苏州发放数字人民币红包，深圳主要聚焦线下零售场景，苏州的显著进步是有国内电商平台京东商城的参与，首次接入线上消费场景，即中签的消费者在线上购买京东自营商品时可以使用数字人民币支付。此外，还选取部分人员参与离线支付体验[①]活动。

---

① 所谓离线支付体验，即在无网或弱网条件下，用户也可进行交易或者转款。据介绍，"离线支付"交易不连接后台系统，而是在钱包中验证用户身份、确认交易信息并进行支付。

用数字人民币支付时，不仅能通过二维码"扫一扫"，还能"碰一碰"。即选择数字人民币钱包"碰一碰"的支付方式，先点击设置界面打开 NFC，随后与商户的数字人民币钱包靠近碰一下，支付就完成了，有网、无网的时候都可以通过"碰一碰"支付。2020 年 12 月 29 日，数字人民币北京冬奥试点应用在北京地铁大兴机场线启动，花样滑冰世界冠军申雪等体验者受邀开通数字人民币钱包，使用数字人民币购买大兴机场线地铁票，并体验了使用数字人民币可穿戴设备钱包——滑雪手套"碰一碰"通过地铁闸机进站。

3. 数字人民币和微信支付、支付宝有什么不同

首先，二者的本质不同。微信支付、支付宝只是支付工具，是钱包而不是钱，真正使用的货币是个人银行账户里的存款货币；而数字货币则是央行发行的数字形式的法定货币，是钱，等同于现金。

其次，二者的支付体验不同。微信支付、支付宝只能在有网络的条件下，通过扫二维码完成支付；而数字人民币可以在没有信号、网络时，通过两个手机碰一碰完成转账、支付等一系列操作，就像用纸币支付一样方便。

再次，二者的交易成本不同。微信支付和支付宝是私营的支付机构或平台，不仅要向商户收取手续费，而且为了竞争会设置各种支付壁垒，如用微信的地方不能用支付宝，用支付宝的地方不能用微信；而央行数字货币是法定货币，无支付壁垒，实时到账、免收手续费，提高了商户资金周转效率，降低了交易成本。

最后，二者的法定偿付能力不同。微信支付和支付宝只是支付工具，不是货币，不具有无限法偿能力[①]；而央行数字货币等同于现金，具有无限法偿能力。

2.4.4 我们将进入"无现金"社会吗

随着数字技术的不断发展，我国非现金支付日渐普及，特别是以支付宝和微信支付为代表的移动支付发展迅速，在一定程度上挤压了现金使用的空间，甚至出现

[①] 无限法偿能力是指法律规定的无限制偿付能力，即无论每次支付金额多少，无论支付的目的是什么（不管是购买商品、结清债务、缴纳税款，还是任何其他目的），支付的对方均不得拒绝接受。

了一些商户拒收现金现象。数字人民币在深圳、苏州、成都、雄安等地试点结束之后，将在全国范围内正式投入使用，人们不禁要担心以后还能不能使用现金支付。

实际上，技术的发展只是为货币形态的改变提供了契机，最终决定货币形态的是人民群众。无论是央行还是私营的支付机构，都无法改变货币形态演变的历史进程。从目前现实情况看，老百姓使用现金的需求仍然较广泛存在。非现金支付（移动支付和数字货币）与现金使用之间虽然存在一定的竞争，但本质上是互补关系，而非替代关系。纸币从11世纪首次出现到20世纪完全取代金属货币，过渡期长达800多年，在此期间纸币与金属货币长期共存，后者直到今天还以硬币的形态部分保留下来。非现金支付工具与纸币之间也是如此，两者的交易费用在不同场景下有各自的比较优势，决定了彼此的长期共存。

更为重要的是，数字技术发展带来了"数字鸿沟"，人为过度"去现金化"会引发"金融排斥"，损害老年人、农民、低收入人群等相对弱势群体的权利。因为缺乏数字通信设备与网络接入，或者缺乏数字金融知识与技能，或者老年人指纹退化或记不住密码，这些相对弱势的群体对于现金的依赖度较高。允许人们自主地选择现金支付，可以保障消费者的自主选择权、公平交易权、信息安全权和财产安全权等基本权利。

2020年10月，中国人民银行发布人民币现金收付指引公告，并深入开展拒收人民币现金行为的集中整治。2020年第四季度，人民银行依法对16家拒收现金的单位及相关责任人作出经济处罚，处罚金额从500元至50万元人民币不等。被处罚的16家单位包括公园景区、公共服务机构、停车场和保险公司等，这些单位张贴"拒收现金"标示牌，侵犯了消费者的支付选择权。

 本章小结

> 货币是人类社会发展到一定阶段，为了解决商品交换问题自然而然出现的，是金融的根基。没有货币，金融也就不复存在。货币的形态演变经历了实物货

币、金属货币、不兑现纸币、存款货币几个阶段,数字货币是业已出现的新的货币形态。与之对应,人类社会货币制度的演变也经历了金属货币制度和主权信用货币制度两个阶段。其背后的演变规律是交易成本越来越小,体现为效率越来越高,交易越来越安全。

无论货币的形态和货币制度怎么演变,其职能和本质从来没有改变。货币的职能可以概括为:价值尺度、交易媒介和价值储藏。从职能角度理解,货币的本质是一般等价物,即价值尺度与交易媒介的统一。从社会角度看,货币反映了建立在信任基础上的人际关系,本质上是一种信用工具。实物货币和金属货币的信用基础来自其自身的价值,而现代主权信用货币的信用基础来自国家信用,支撑国家信用的是一国的经济实力和综合国力,体现为国家税收。

无论是微信支付、支付宝还是云闪付,都是支付工具,是钱包而不是钱。科技发展推动了支付工具的变革,也在不知不觉中极大地改变了我们的消费习惯。无论是比特币还是天秤币,都是私人发行的加密数字货币,其区别在于币值是否稳定。私人加密数字货币由于缺少国家信用支持,无法承担货币的基本职能。央行的数字货币,是央行发行的数字形态的法定货币,本质上仍然是主权信用货币,是未来的货币形态。

问题讨论

1. 货币形态不断演变的原因是什么?你认为未来货币形态会如何变化?
2. 国家货币制度是如何演变发展的?
3. 试比较比特币、天秤币和数字人民币。

即测即评

请扫描右侧二维码,进行即测即评。

第 3 章
金融的本质：信用

> 金融学就是信用学，金融学的原理就是信用的原理，信用的原理就是人性的原理。
>
> ——杨惠昶

思维导图

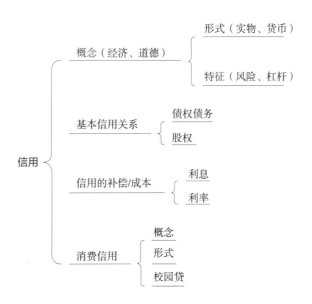

导入故事： 是谁打破了"蛋壳"

2015年年初，拿着老领导糯米网创始人沈博阳投资的150万元和自己的100万元，高靖创立了北京紫梧桐资产管理公司，进入长租公寓领域，打造出蛋壳公寓。在创业初期，高靖曾说，之所以给项目命名为蛋壳，寓意着一个温馨舒适的家，孵化、保护着年轻人在大城市实现抱负和梦想。按照高靖的说法，他创业的初心是希望给进城的"打工人"，尤其是现代的年轻人做一些实事，"让年轻人有尊严地生活在城市。""为每个身处异乡的人都提供一个温暖的壳"也成为蛋壳公寓成立之初的美好愿景。

蛋壳公寓以黑马之姿狂奔着扩大规模，为了快速进入更多城市、抢占更多房源，先后进行了7轮融资，共计约58亿元人民币。截至2020年3月31日，蛋壳公寓已经进入全国13个城市，运营的公寓数量也从最初的2 500余间快速增加到41.9万间。其中，北京、上海、深圳三个城市运营的公寓数量为20.7万间，其他城市为21.2万间。根据艾瑞咨询的报告，蛋壳公寓已成为中国最大的共享居住空间平台之一，增长速度居于行业第一。2020年1月17日，蛋壳公寓成功在美国纽约股票交易所上市，成为当年登陆纽交所的第一只中概股。

蛋壳公寓的商业模式其实并不复杂。本质上就是用互联网思维和金融杠杆改造传统房屋租赁业，即"互联网+租房+金融"。蛋壳公寓先从房东处高价收房，然后装修改造成多个隔断空间出租，实现单个房间盈利。抛开管理、营销等公摊费用，就单个房间盈亏平衡来看，如果可以实现盈利，就可以通过扩大规模来摊薄固定成本，最终实现企业整体盈利。要扩大规模就必须疯狂抢占市场房源，因此蛋壳公寓发起了多轮融资，用融到的资金在市场上高价收房，与链家自如等长租公寓巨头展开了激烈的竞争。2018年9月，一位北京天通苑房东在水木社区论坛发布了一篇名为《资本盯上租房，要吸干年轻人血》的帖子，帖子中提到，房东拥有一套120平方米的三居，出租心理价格在7 500元/月，被链家自如和蛋壳公寓两家公司拼命争抢，最后蛋壳公寓出价 10 800 元 / 月拿下房子。

为了快速回笼资金，也为了扩大市场规模，蛋壳公寓联合金融机构向租客提供租金贷，即由租客向金融机构申请租金贷，然后按月还款，金融机构发放的贷款金额为一年的租金，由金融机构一次性支付给蛋壳公寓。租客按月偿还的租金贷，虽然在形式上与按月支付房租无异，但其本质是一种金融借贷的偿还行为，这其中，有利息支出。蛋壳公寓从金融机构收到一年的租金，但只按月或按季向房东结算，利用"长收短付"期限错配，实现了资金"回流"，以抵偿收储房源及装修、营销等支出，其资金循环模式如图 3-1 所示。

图 3-1　蛋壳公寓的租金循环模式（虚线表示资金流向）

蛋壳公寓的模式表面上看是房屋租赁业务，实际上是类金融的信用活动，资金周转与循环，变成这一模式命运攸关的关键要素。一旦有任何意外事件导致资金链条断裂，整个信用链条就崩溃了。

2017 年、2018 年和 2019 年前 9 个月，蛋壳公寓的租客使用租金贷的比例，分别为 91.3%、75.8%、67.9%，呈现出下降趋势，在一定程度上体现出后续租金贷用户"人头"不足。租金贷使用比例的下降，带来了资金回流的风险，再加上在还款、收储房源等环节管理混乱，给整个资金循环埋下了隐患。2020 年突然暴发的新冠疫情，导致租客大幅减少，让裂痕百现的蛋壳公寓遭受重击。为了获得周转资金，高靖不惜铤而走险。2020 年 6 月 18 日晚间，蛋壳公寓公告称，公司 CEO（首席执行官）高靖涉及有关部门的调查，暂时无法行使其在蛋壳公寓董事会以及公司的管理职责，董事兼总裁崔岩被任命为蛋壳公寓临时 CEO。这件事情成为压碎蛋壳公寓的最后一根稻草，本来就脆弱不堪的资金链条彻底崩溃，收不到房租的房东们开始驱赶租客。而那些靠租金贷交房租的年轻人，本来憧憬着蛋壳公寓是一个温暖的家，没想到却成了一个破碎的梦。

2020 年 12 月 3 日，广州蛋壳公寓一名租客从自己租住的 18 楼跳楼自杀。据媒体报道，死者是位刚毕业的大学生，还没有工作。9 月刚签了一年租金贷合同，由于房东没有收到蛋壳公寓给的房租，贴出了公告要求租客在一个星期内搬离。头无片瓦，还背了一身的债，年轻人一时想不开就选择了跳楼。12 月 4 日，微众银行发布公告："蛋壳租金贷客户退租之后，与微众银行签署协议，将退租后蛋壳公寓所欠客户的预付租金，用于抵偿客户在我行的贷款。然后我行结清该笔贷款。"也就是说，微众银行免除了蛋壳公寓租户的还款义务。

3.1 信用的概念和本质特征

第 1 章讲过金融的核心功能，就是在资金短缺者和资金盈余者之间实现货币资金的跨时间、跨空间的有效配置。简单地说，就是有些人正好手里有闲钱，另外一些人手头没有钱却有能力和机会，金融的核心功能就是把这两种人链接起来，即为有钱人理财、为缺钱人融资。把资金盈余者的货币资金借给资金短缺者，这种货币借贷行为就是信用。

3.1.1 信用的概念

信用是和金融、货币一样非常重要的一个基本概念。我们在生活中谈起信用，往往是指道德规范，与诚信同义，是指一个人言而有信、言出必行，善意地作出承诺，并且尽最大的努力来兑现承诺。信用是社会生活的基础，也是个人和机构的行为准则。在《论语》中，"信"字出现了 38 次，仅低于"仁"（129 次）和"礼"（74 次）。

在经济学中，我们讲的信用（credit）是指借贷行为，即以收回为条件的借出或者以归还为义务的取得。之所以会产生借贷行为，是因为债权人（授信者）对债务人（受信者）有信心，相信后者可以按照约定还本付息。因此经济学范畴的信用，是建立在道德范畴的信用基础上，后者为前者提供了产生的土壤。设想一种极端的情况，假设一个地区或者国家"礼崩乐坏"，人人自危，谁都不敢相信谁，那么借贷行为也就无从产生，没有信用，当然也就不存在金融了。

与货币一样，信用也是一个古老的范畴。公元前24世纪中叶，在古代美索不达米亚出现了人类历史上最早的个人借贷记录，上面写着："40克白银和900（？）升大麦，乌尔—加里玛施借给普泽—伊什塔。"[1] 尽管这份契约少了很多必要的内容，如借贷的日期、归还的日期等，但是依然明确地表明了乌尔—加里玛施和普泽—伊什塔的债权债务关系，并且证明了最早的信用是以实物借贷和货币借贷两种形式出现的。公元前18世纪，古巴比伦皇帝汉谟拉比编制了一部《汉谟拉比法典》，成为整个古巴比伦帝国的统一法律框架。《汉谟拉比法典》中关于借贷问题的规定非常具体，如规定借白银需要借五还一，借大麦需要借三还一，这说明信用关系已经有了很长时期的发展。在我国先秦时期的著作《管子》中，也有关于信用的内容，如《管子·问第二十四》里有："问邑之贫人。债而食者几何家？"[2]（国都里贫穷的人家，有多少是靠借债度日的？），这说明信用关系在经济生活中已经相当普遍。

3.1.2　实物借贷和货币借贷

从现在已有的历史记载中可以发现，信用一直是以实物借贷和货币借贷两种形式存在的。如上面提到的古代美索不达米亚出土的人类历史上最早的借贷记录里，既有货币借贷（40克白银），又有实物借贷（900升大麦）。虽然没有历史证据表明，人类最早出现的信用形式是实物借贷（即在货币出现之前，就有了实物信用），但是在逻辑上似乎也说得通。

---

[1] 威廉·戈兹曼. 千年金融史 [M]. 北京：中信出版社，2017：22. 原文中就有（？），疑似指900的数字不确定。
[2] 李山，轩新丽. 管子 [M]. 北京：中华书局，2019：448.

无论是实物借贷还是货币借贷，私有产权的出现都是其存在的前提条件。信用本质上是所有权（ownership）和使用权（right of management）的分离。例如小明向小红借了块橡皮，首先必须明确橡皮的所有权是小红的，只是暂时借给小明。没有所有权的概念，借贷就无从谈起。信用是在不改变财富（物或者钱）所有权的条件下，有条件地暂时转让使用权的行为。这个条件是什么？第一，就是必须归还，即还本；第二，就是要付息。因为我如果把自己的钱或者东西借给你了，我自己就不能使用，或者就损失了其他的投资机会，那么你就需要给我一定的补偿，这个补偿就是利息。

货币出现之后，货币借贷越来越普遍，人和人之间的货币信用关系得以建立和发展。但在自然经济占主导地位的前资本主义社会里，实物借贷一直不曾消失。在我国农村，直到20世纪五六十年代，实物借贷仍然相当广泛地存在着。例如春天的时候借了一斗米，秋天的时候再还人家一斗半米。只有商品货币关系在经济生活中无所不在的时候，实物借贷才丧失其广泛存在的基础。由于只有货币借贷才属于金融的研究范畴，下文提到的信用都是指以货币为载体的借贷行为。

3.1.3 信用的基本特征

1. 风险

前面提到，信用就是资金盈余者在约定的条件下，把资金的使用权转让给资金短缺者的行为。因此，从本质上讲信用是借贷双方建立的一种对时间的约定，可以理解为建立在契约基础上的跨期资源优化配置机制。既然信用是资金所有权和使用权的分离，是借贷双方对未来的约定，就必然会有风险。所谓风险（risk），简单地理解，就是未来的不确定性，不确定程度越高，风险就越大。例如第1章举了一个助学贷款的例子，出身贫寒的年轻人要上学，可以申请助学贷款，等到工作以后再还贷款，实际上就相当于在18岁的时候花二十几岁的钱，这就是一个跨期价值交易。但是如果这个学生毕业之后没有找到工作怎么办？没有收入就无法还贷款，所以提供助学贷款的银行就会有风险。除了"无钱可还"之外，还有一种可能是"有钱不还"，即恶意逃债，在经济学上有一个专门的术语，叫作道德风险。只要是跨期交易，一定会有风险，未来会怎样谁也不知道。

在一个复杂的信用链条中，构成这个链条的任何一个环节出现了问题，整个信用链条就会断裂。例如在导入故事中，构成租金贷信用链条的有四个主体：提供租金贷的金融机构（微众银行）、申请贷款的租户、房东和蛋壳公寓。看上去是微众银行向租户提供了租房贷款，似乎信用关系只发生在二者之间。但是，由于微众银行是把一年的租金支付给了蛋壳公寓，再由蛋壳公寓分批支付给房东，这个信用链条就变成了四方，任何一方出了问题，信用链条都会断裂。实际上，就是因为蛋壳公寓出了问题，无法按时给房东支付房租，才引发了房东驱赶租户的行为。所以，信用链条越长，参与的主体越多，信用风险就越大。

2. 杠杆

所谓的杠杆，本来是一个物理学的概念。借用到金融领域，是指用借到的资金扩充自己的投资金额，实现对投资收益或者损失的放大。如果什么都是"有多少钱，办多大事"，大家一手交钱，一手交货，就不需要信用了，经济也就没有发展的可能。有信用就有借贷，有借贷就有杠杆，所以说信用是杠杆的基础。

例如某银行有 10 亿元注册资本，可以放 100 亿元贷款，杠杆率①为 10；某租赁公司有 50 亿元资本，可以做 500 亿元租赁业务，杠杆率也是 10。股票市场的融资融券，也是利用了杠杆，跟证券公司融资也罢、融券也罢，都是杠杆。杠杆率越高，风险就越大。为了对杠杆率有个直观的感受，我们来看一个简单的例子。

假设有一个投资项目，收益率为 10%，而你自己只有 100 元（资本金）。用这 100 元投资某个项目，获得投资收益 10 元，即项目收益率为 10%。如果你又借了 100 元，投资金额就变成 200 元，假设项目收益率仍然为 10%，你的投资收益为 20 元（200×10%）。这时候相当于你用 100 元的资本金，获得了 20 元的投资收益，即收益率为 20%，杠杆率为 2。如果你借了 900 元，投资收益为 100 元（1 000×10%）。这时候相当于你用 100 元的资本金，获得了 100 元的投资

---

① 杠杆率一般是指资产负债表中总资产与权益资本的比率，可以理解为用自己的资本金投资的收益（或者损失）放大的倍数。如果没有基础会计的知识，可以直接跳过。

收益，收益率为 100%，杠杆率为 10。见表 3-1。

表 3-1　杠杆率示例

情形	资本金/元	借款/元	投资收益/元	最终收益率/%
1	100		10	10
2	100	100	20	20
3	100	900	100	100

这个简单的例子非常形象地显示了杠杆的威力。当然，要记住，杠杆不仅能放大收益，也能放大损失。过高的杠杆率意味着较大的金融风险，所谓的"去杠杆"，就是降低杠杆率，不管是国家的去杠杆、某个行业的去杠杆，还是某个企业或者家庭的去杠杆，实质上都是降低杠杆率。

3.1.4　金融的本质是信用

中国金融学的泰斗黄达先生曾经做过这样一个论断："金融的范畴可以理解为：凡既涉及货币，又涉及信用的所有经济关系和交易行为的集合。伴随着货币与信用相互渗透并逐步成为一个新的金融范畴的过程，金融范畴也同时向投资和保险等领域覆盖。"[①]

这是黄达、张杰主编的经典教材《金融学》上的原话，这句话是什么意思呢？信用不仅有货币的借贷，还有实物的借贷，但实物的借贷（如借粮食、借橡皮等）不是金融的范畴。只有货币的借贷才属于金融范畴，只要个人、部门或者政府一个时期的货币收入和支出不能完全相符，就一定会出现货币借贷行为，信用关系必然会产生。金融的本质，是人和人之间以货币为载体的一种信用关系。信用关系体现为契约关系，法律是契约关系的保障。没有信用就没有金融，信用是金融的立身之本，是金融的生命线。

---

① 黄达，张杰. 金融学[M].5 版.北京：中国人民大学出版社，2020：110.

前面已经讲过，信用是借贷双方建立的一种对时间的约定，可以理解为建立在契约基础上的跨期价值交易。由此，我们可以把金融定义为以货币为载体的跨期的价值交易。信用的基本特征是风险，因此金融存在的价值就在于：在时间上重新配置风险，重新配置资本，重新配置经济价值。也就是说，金融存在的价值是以资金融通为载体来重新配置风险。信用是金融的本源，是金融安身立命之本。这一方面体现为信用是各类金融机构的生命线，另一方面体现为通过金融机构融资的企业、政府或者个人也要有信用。

3.2 两种基本的信用关系

在经济生活中，人和人的信用关系有两种最基本的表现形式：债权债务关系和股权关系。接下来我们先看一个真实的案例。

2015年黄奇帆做重庆市市长的时候，曾经讲过这么一个案例。京东方科技集团股份有限公司（以下简称京东方）作为中国最优秀的液晶面板类公司之一，世界生产能力排名第五，生产的产品供不应求。重庆看准这个方向，邀请京东方来重庆投资建厂。京东方也有投资的意愿，只是投资建厂大概需要330亿元，京东方没有这么多流动资金。最后协商的结果是京东方按市场价格2.1元每股向重庆市的一些国有企业定向增发100亿股票，实现股权融资210亿元，再向银行贷款120亿元，加起来就获得了330亿元的融资。

在这个案例中，京东方是用两种方式获得了融资：银行贷款和发行股票。背后体现的是两种最基本的信用关系：债权债务关系和股权关系。

3.2.1 债权债务关系

债权债务关系是指债权人（资金盈余方）把货币资金借给债务人（资金赤字方），双方签订契约（借条、贷款合同或者发行债券等）约定双方的权利义务。债权债务关系最典型地体现出信用的两个基本特征——还本和付息，所谓"好借好还再借不难"。如果债务人到期不能还本付息，债权人是可以诉诸法律程序的，如申请对债务人进行破产清算。上面的案例中，京东方向银行贷款 120 亿元，京东方是债务人，银行是债权人；导入故事中，租房的年轻人向微众银行申请租金贷，租客是债务人，微众银行是债权人；生活中私人之间的借贷，如小张向同事借了 5 000 元，写了一张借条，小张是债务人，同事是债权人。

在金融市场上，体现债权债务关系的标准化的金融产品是债券。债券（bond），是指政府、金融机构或工商企业等发行的、承诺按一定的期限和利率水平支付利息并按约定期限偿还本金的、证明持有人和发行人之间债权债务关系的法律凭证。简单地说，债券就是固定格式、固定面值的借条，发行债券的企业（金融机构、政府等）是债务人，债券的持有者是债权人。企业发行的债券叫作企业债券，金融机构发行的债券叫作金融债券，政府发行的债券叫作政府债券，其中中央政府发行的债券叫作国债。

我们在生活中经常见到债权债务关系，除了上面提到的银行贷款、民间借贷、债券（包括国债）之外，还有消费信贷。不管是支付宝"花呗"、京东白条还是住房贷款或者信用卡透支，都签订了贷款合同（纸质的或者电子的），形成了债权债务关系。虽然很多人看也不看手机里跳出来的一大串文字，就点了"同意"，但是只要点了"同意"就等于认可了债权债务关系，如果不能按时还本付息，那就要支付非常高的罚息。

债权是可以转让的。司马光在《涑水记闻》中有这么一段记录："滕宗谅知岳州，修岳阳楼，不用省库钱，不敛于民，但榜民间有宿债不肯偿者，献以助官，官为督之。民负债者争献之。所得近万缗，置库于厅侧自掌之，不设主典案籍。楼成极雄丽，所费甚广，自入者亦不鲜焉。州人不以为非，皆称其能。"意义是说滕宗谅（字子京）在岳州为官的时候，让老百姓把借出去收不回来的烂账、死账转让给官府，由官府出面催收，收来的钱用于修建岳阳楼。由此可见，债权转让在北宋时期就颇具规模。现代社会，有专门的金融资产交易所来进行债权的转让。

3.2.2 股权关系

要讲清楚股权关系，需要从股份有限公司讲起。股份有限公司最早出现在欧洲，是欧洲对人类社会发展的重大贡献。1372 年，法国图卢兹 12 家小磨坊主合伙成立了一家股份公司——荣耀巴扎科勒，并起草了一份详尽的文件来决定公司如何经营。这家公司把对公司的所有权转换成能够自由转让的有限责任股份，每年召开股东会议，详细公布公司运营状况和盈利分红情况。这家公司的股份（以契约形式）被许多图卢兹市民持有，他们中有律师、政府公务人员、银行工作人员、磨坊主等。这些股份被一代一代地传承下去，不仅可以买卖，还可以用作贷款的抵押物。[①] 尽管经历了各种挫折，荣耀巴扎科勒公司还是存活了 800 年，比法国的任何一个政府都长久，最终在 20 世纪被法国政府国有化。

荣耀巴扎科勒公司也许不是世界上最早的股份公司，但是它非常生动地诠释了股份公司的四个巨大优势：①通过发行股份，可以募集众多投资人分散的小额资金，用于建设一个大规模的企业或者完成一个大规模的项目。②只要公司持续盈利，公司发行的股份就可以升值，还可以得到分红，持有股份的人可以依靠投资得到的收益来生活，于是培养出了一个新的阶层，这个阶层后来被称为"资产阶级"。③公司在成立之初就被构想成一个永续存在的机构，在法律上是一个独立的法人实体，可以拥有资产并以公司的名义签订合同。④也许是最重要的，股东对公司的行为只负"有限责任"，如果公司经营失败，公司的股东损失的就是自己入股的钱。在非有限公司的组织形式中，出资人对企业的行为负"无限责任"，即要赔上全部家当。这在古代的经营中是天经地义的，但是"无限责任"导致没有人敢冒险开创有风险的事业。只有损失有了上限，人们才敢去开创新的事业。

在出现了金融市场之后，公司的股份被转化成标准化的金融产品——股票，在市场上公开转让。所谓股票（stock），是指由股份有限公司发行的用以证明投资者身份和权益的凭证，它代表持有者（即股东）对股份公司的剩余要求权、决策

---

① 威廉·戈兹曼. 千年金融史 [M]. 北京：中信出版社，2017：229-232.

投票权和资产分配权。简单地解释一下,假如你买了A股上市公司长生生物(股票代码002680,已经于2019年11月26日退市)的股票,那么实际上你就是长生生物的股东,从理论上讲,这个企业有一部分是属于你的,哪怕是极其微不足道的一部分。作为股东,你拥有决策投票权、资产分配权和剩余要求权。所谓决策投票权,就是公司重大决策的时候,有投票表决权,但是由于一般的小股东持有的股份微不足道,所以投票决策权形同虚设。所谓资产分配权,就是你可以按照公司的分红政策定期或者不定期地取得红利收入。所谓剩余要求权,就是在长生生物破产清算后,清偿完债权人的债权之后,如果有剩余资产,你可以依法要求获得补偿。对于公司而言,通过发行股票融资,不构成固定的还本付息义务。公司盈利状况好就分红,盈利状况不好也可以不分红;破产清算之后,如果有剩余资产再补偿给股东,如果没有也没有办法。所以最后持有长生生物股票的投资人血本无归,没办法,股权关系就意味着风险共担、收益共享,所以说"股市有风险,投资需谨慎"。

显然,股票的第一个基本特征就是不返还,因为双方是一种股权关系,持有企业的股票就是股东,企业没有固定的还本付息义务。因为不返还,所以投资股票的风险就很高,股票的第二个基本特征就是高风险。很多人买股票并不是想长期持有做"股东",而是今天买进、明天卖出,因此股票的第三个基本特征就是流通性,可以在股票市场上随时卖出去。还有很多人并不清楚股票的本质,也不了解发行股票的企业,盲目追风或者听小道消息买进了一只或者多只股票,这是因为股票还有第四个基本特征——收益性。只不过这个收益是不确定的,对于很多人来说,股票收益性完全取决于运气,与赌博无异。

前面讲过,信用的基本特征是所有权和使用权的分离。无论是债权关系还是股权关系,货币资金的所有权和使用权都产生了分离。这一点在债权关系中体现得很明确,股权关系就不是那么明显了。从所有权来说,一个股份公司的股本是很多人的资金汇聚起来的,因而股份公司的所有权具有了"社会性"。如此众多的股东不可能自己直接经营企业,因此公司的经营权(货币资金的使用权)必然要与所有权分离，通常是雇用职业经理人来经营。总之，债权关系和股权关系是两种最基本的信用关系，都是在相互信任的基础上，货币资金的所有者把资金的使用权转让给其他人，用经济学的术语说，存在着"委托—代理关系"。二者的区别就在于，对货币资金所有者和使用者双方约定的权利与义务不同。

3.3 利息和利率

我们已经知道信用就是以还本付息为条件的借贷行为，在现代社会，借别人的钱要收取利息，似乎是天经地义的事情。利息的存在，给人们一种感觉，似乎货币自己就能够生出货币[1]。有一部分人，可以不参加劳动，仅仅靠利息生活，成为所谓的"食利阶层"——资本家。要正确地理解利息，必须弄清楚利息的本源。

3.3.1 利息及其本源

利息（interest）是货币所有者（或债权人）因贷出货币而从借款人（或债务人）那里获得的报酬。若是从借款人的角度看，利息则是借入货币所付出的代价。对于在货币借贷中为什么要支付利息，马克思曾经做过深刻的剖析。马克思认为资本家把钱借给企业家，企业家用这笔钱去投资建厂、扩大经营，获得的利润应该按照一定的比例给资本家分成。因为如果资本家不把钱借给企业家的话，后者就赚不到这个利润。也就是说，利息是利润的一部分，至于企业家应该把多大比例的利润分给资本家，取决于二者的谈判实力。马克思关于利息本源的分析，可以从英国古典经济学家的思想中找到线索。18 世纪中期，英国著名哲学家、经济学家马西第一次指出利息是利润的一部分。他说："取息的合理性,不是取决于借入者是否赚到利润,而是取决于它（所借的东西）在适当使用时能够生产利润……富人不亲自使用自己的货币……而是把它贷给别人，让别人用这些货币去牟取利润，并且把由此获得的

---

[1] 马克思在《资本论》第三卷里提出资本就是能生出货币的货币。

利润的一部分为原主保留下来。"①

既然利息来源于利润,那么借款人如果经营亏损了,是不是就不用还本付息了呢?显然不是。在现实生活中,利息早已经被看成货币收益的一般形态,借出货币获得利息是理所当然、天经地义的事情。在《资本论》第三卷中,马克思专门论证了货币的两种使用价值:作为货币的使用价值和作为资本的使用价值。作为货币的使用价值,就体现为我们第2章讲过的货币的基本职能(价值尺度、交易媒介、价值储藏)。作为资本的使用价值,就体现为货币的所有者可以把货币的使用权转让给别人,从而获得资本收入,成为资本家。马克思说:"货币……在资本主义生产的基础上能转化为资本,并通过这种转化,由一个一定的价值变为一个能自行增殖、自行增加的价值。它会产生利润……这样,货币除了作为货币具有的使用价值以外,又取得了一种追加的使用价值,即作为资本来执行职能的使用价值。在这里,它的使用价值正在于它转换为资本而产生的利润。"②货币通过信用成为资本,而利息就是资本收益的一般状态,它就脱离了利润,成为一种独立存在的概念。

与马克思不同,西方经济学是从机会成本和风险补偿角度来论证利息的本源的。**机会成本**(opportunity cost)是一个经济学的概念,是指选择将资源用于某种用途时必须放弃的其他最好用途的价值,也就是说一个选择的机会成本就是另外所有选择里面你认为最好的一个。例如你选择了华为手机,放弃了买苹果手机的机会,那么苹果手机就是选择买华为手机的机会成本。请注意机会成本跟我们平时理解的成本(会计成本)是两码事,你买华为手机的机会成本不是这部手机的价格,而是为了买这部手机所放弃的购买其他东西给你带来的满足和收益。当债权人选择把货币借给别人的时候,他就放弃了用这笔钱去消费的机会,因此存在机会成本,而利息可以理解为对债权人机会成本的补偿。在3.1.3小节中,我们知道信用有一个基本属性叫作风险,风险就是未来的不确定性。债权人把货币借给别人一定是存在风险的,

---

① 马克思恩格斯全集:第25卷[M].北京:人民出版社,1974:394页注57,395页注58;转引自黄达,张杰.金融学[M].5版.北京:中国人民大学出版社,2020:75.
② 杨惠昶.金融学[M].北京:科学出版社,2006:82.

很可能会受到损失甚至血本无归，因此利息还可以视为对债权人承受风险的补偿。

3.3.2 利率及其种类

利息是一个绝对值（具体的金额），它存在一个很大的问题，就是没法比较。比如说你向甲借了100元钱，期限一个月，需要付10元的利息；向乙借了1万块钱，期限也是一个月，需要付100元的利息。看上去100元的利息肯定比10元多，但是一旦考虑到本金一个是100元、一个是1万元的话，你马上就可以反应过来，实际上向乙借钱更划算。这个例子表明需要有一个相对的数值，用来对借贷的成本进行比较。

利率（interest rate），就是利息与本金的比率。它是一种相对指标，从而使不同借贷决策的收益（或成本）可以相互比较。在现实生活中，我们看到的利率都是以某种具体的形式存在的，如1年期的贷款利率、1年期的银行存款利率、10年期的国债利率、微信零钱通的收益率①等。随着经济的发展，金融活动的方式日益多样，利率的种类也日益繁多。目前，中国金融市场上的利率品种已经达到上千种。利率的品种如此繁杂，给理解和沟通带来了困扰，需要分门别类。根据不同的目的，可以对利率进行不同的分类，本书列举几种比较重要的分类。

1. 按计息周期分类：年利率、月利率、日利率

年利率是以年为周期计算利息，通常以百分号（%）标注；月利率是以月为周期计算利息，通常以千分号（‰）标注；日利率是以日为周期计算利息，通常以万分号（‱）标注。这三种利率在经济生活中都有广泛的应用，其中以年利率为主要的标识方式，在信用卡透支等罚息的场景中，通常都是按日利率计算。

年利率、月利率和日利率之间是可以换算的，换算的方法非常简单，把月利率乘以12就变成了年利率，除以30（31）就变成了日利率，以此类推。例如信用卡透支，银行按日利率5‰计息，换算成年利率约为18%（按一年360天计算）。在2016年发生了一起引起很大轰动的案件——"刺死辱母者"：山东女企业家苏银

---

① 在本书中，利率等同于收益率，不做区分。从专业上讲，二者有细微区别。

霞因为欠债遭到11人凌辱,儿子于欢忍无可忍拿起水果刀乱刺,导致一死四伤。苏银霞借的民间贷款,月利率是10%,换算为年利率是120%。

2. 按照是否考虑通货膨胀分类:名义利率与实际利率

在借贷过程中,债权人不仅要承担债务人到期无法归还本息的信用风险,还要承担由于通货膨胀导致的货币贬值风险;而就债务人来说,担心的则是由于通货紧缩导致的货币升值风险。例如,假设年通货膨胀率为10%,也就是今天100元钱可以买到的东西一年后需要110元。如果贷款利率是年利率5%,也就是今天借出的100元钱,一年后收回来105元,显然债权人的利益受到了损失。相反,如果发生了通货紧缩,也就是物价负增长,假设通货膨胀率是-10%,意味着今天100元钱买到的东西,一年后只需90元。这种情况,债务人的利益受到了损失。

名义利率就是指没有剔除通货膨胀(通货紧缩)因素的利率。通常我们在商业银行的显示屏里、各大门户网站、媒体上看到的挂牌利率都是名义利率。一般的出版物(包括本书),如果没有做特别说明,提到的利率也都是名义利率。实际利率就是从名义利率中剔除通货膨胀因素的利率,能够更准确地反映真实的借贷成本。显然,在没有通货膨胀(通货紧缩)的情况下,名义利率等于实际利率。

名义利率和实际利率简单的换算公式如下:

$$r=i+P \tag{3-1}$$

式中:r 为名义利率;i 为实际利率;p 为通货膨胀率(通货紧缩为负值)。

在上面的例子中,第一种情况下,名义利率为5%,通货膨胀率为10%,实际利率为

$$i=r-P=5\%-10\%=-5\%$$

即实际利率是-5%,债权人不赚反赔。

第二种情况下,名义利率是5%,通货膨胀率是-10%,实际利率为

$$i=r-P=5\%-(-10\%)=15\%$$

老百姓说的"存银行赔钱",实际上就是讲在银行存款的名义利率低于通货膨胀率的情况下,实际利率是负。

3. 按照是否调整分类：固定利率与浮动利率

按照在借贷期内是否调整，利率可以分为固定利率和浮动利率。

固定利率就是在整个借贷期间内都不做调整的利率。实行固定利率，优点在于便捷，而且借贷双方的成本与收益都是确定的。在借贷期限短（通货膨胀风险小）或者市场利率变化不大的条件下，可以采用固定利率。但是当借贷期限较长或者市场利率波动剧烈的时候，债权人或者债务人可能就要承受利率变化带来的风险。

与之相对，浮动利率是指在借贷期间依据市场利率的变化而定期调整的利率。调整的周期长短，以及依据哪一种市场利率进行调整，都由借贷双方在合同中约定。实行浮动利率，显然计算起来要麻烦一些，但是债权人或者债务人可能承受的利率风险较小。因此，如果借贷期限较长或者市场利率变化频繁，一般都会采用浮动利率。

4. 按照利率的决定方式分类：市场利率与官定利率

上面讲的浮动利率，是依据市场利率的变化而变化。这里的市场利率，就是在市场机制下自由变动，完全由市场供求决定的利率。与之相对应，由政府金融管理部门或者中央银行确定的利率，通常称为官定利率（或法定利率）。官定利率是国家为了实现政策目标而采取的一种调控手段，反映了政府"看得见的手"的干预。

在 2015 年 10 月 24 日之前，我国的金融市场以官定利率为主，市场利率占少数。以银行存贷款利率为例，2015 年 10 月 24 日之前是由中国人民银行确定各期限存贷款利率和上下浮动范围，经国务院批准后，各个商业银行遵照执行。2015 年 10 月 24 日之后，中国人民银行放开了存贷款利率，标志着利率市场化基本完成。需要说明的是，即便在发达的市场经济国家，也存在官定利率，只是以市场利率为主。

5. 按照利率的地位分类：基准利率和其他利率

前面讲过，目前中国金融市场上的利率已经达到上千种，这么多的利率，该如何衡量利率水平并描述其变动趋势呢？唯一的办法就是选择一种最重要、最有代表性的利率。基准利率就是在多种利率并存的条件下起决定作用的利率，即这种利率发生变动，其他利率也会相应变动。因此，描述出这种关键利率的变化趋势，也就可以了解全部利率体系的变化趋势。在市场经济国家，基准利率是指通过市场机制形成的无风险利率。其实,在现实生活中并不存在绝对的无风险金融产品,严格地说,只存在风险相对最小的金融产品,如政府发行的短期债券(国库券),以及金融机构之间的短期资金拆借。因此国库券利率和银行间同业拆借利率往往承担了无风险利率的大任,如美国的基准利率是联邦基金利率[①],我国的基准利率是上海银行间同业拆借利率(SHIBOR),详见第4章。

除了基准利率之外,剩下的利率都是其他利率。因为基准利率是无风险利率,因此任何一种利率都可以表述为基准利率加上一个特定的风险溢价(risk premium,又译为风险补偿,是指对债权人承受的风险的补偿),如式(3-2)所示。风险的大小不同,风险溢价也千差万别。换句话说,不同利率的差别就在于风险溢价不同。

$$利率 = 基准利率 + 风险溢价 \quad (3\text{-}2)$$

需要特别强调,基准利率一定是市场利率:一方面,只有市场机制才能形成整个社会的无风险利率;另一方面,也只有市场机制中形成的无风险利率,其变化才可以诱导其他市场利率按照同样的方向发生变化。在实际生活中,"基准利率"这个词语还有另一种用法,就是指中央银行规定的再贴现利率等,请注意这个"基准利率"是官定利率,与我们前面讲的市场化的基准利率不是一码事。

3.3.3 利息的计算方法:单利和复利

利率的出现,使得不同的信用行为的利息可以计算、比较。在现实生活中,利息有两种计算方法:单利(simple interest)和复利(compound interest)。

1. 单利

单利,是指在整个计息期间仅以本金为基数计算利息,即本期产生的利息不作为下一期的本金,也就是对利息不计利息,只把每一期本金产生的利息累加起来。其计算公式如下:

[①] 联邦基金利率即美国的银行间同业拆借利率,是一种货币市场利率。详细介绍见第4章。

$$I = P \times r \times n \tag{3-3}$$

$$S = P + I = P(1 + r \times n) \tag{3-4}$$

式中：I 为利息；P 为本金；S 为本金利息之和（本息和）；r 为年利率；n 借贷期限。

例如，假设你有 10 万元，到银行存 5 年期定期存款，年利率为 6%，按照单利计息，那么存款到期时，你获得的利息总额是：$I = 100\,000 \times 6\% \times 5 = 30\,000$（元），本息和为 13 万元（100 000+30 000）。在日常生活中常见的按照单利计息的情况就是银行存款。

2. 复利

复利，是指将本期产生的利息自动并入下一期计息周期的本金，连同原来的本金一起计算利息，也就是说对利息计算利息，俗称"利滚利"。其计算公式如下：

$$S = P(1 + r)^n \tag{3-5}$$

$$I = S - P \tag{3-6}$$

式中：各个字母的含义同式（3-4）。

我们把刚才的例子用复利再计算一遍。按照复利计息，存款到期时你获得的本息和为 $S = 100\,000 \times (1 + 6\%)^5 = 133\,823$（元），利息为 33 823 元（133 823-100 000），比按照单利计算多出了 3 823 元。很显然，期限越长（n 越大），按照单利计息和按照复利计息的差距就越大。

如果一年内计息次数（频率）为 m，此时按复利计算的本利和为

$$S = P(1 + r/m)^{mn} \tag{3-7}$$

上例如果改成按月计息，则一年内计息次数为 12（$m=12$），存款到期时你获得的本利和为：$S = 100\,000 \times (1 + 6\%/12)^{12 \times 5} = 134\,885$（元），利息比每年计息一次多 1 062 元。一年内复利计息次数越多（频率越高），利息额就越大，因而对债权人越有利。在信用卡透支以及一些消费信贷中，如果借款到期未能偿还，缴纳逾期利息的利率为 5‰，看似不高，但是因为是按日计复利，计息频率极高，所以短时间里利息负担就会翻倍。

在更广泛的意义上，复利不仅仅是一种利息计算方法，更是一种思维方式，体现了人们对时间价值的认识。在复利中，"时间不仅是一个维度，它本身也是一种商品，能够产生利润。"① 不仅仅是投资，在人生的很多重要决策中，拥有复利思维都是一件很重要的事情。

3.3.4 高利贷

高利贷，从字面理解就是高利率的借贷。高利贷是前资本主义社会主要的信用形式，直到现在仍然普遍存在。虽然我们一提到高利贷，就想起《白毛女》中的黄世仁和《威尼斯商人》中的夏洛克，似乎高利贷天然地和剥削、压迫连在一起，但是有学者的研究表明历史上对高利贷越宽容的地区，经济发展水平越高②。

我们再回到"刺死辱母者"这个案例。苏银霞民间借贷的利率是月利率10%，相当于年利率120%，大家感觉绝对是高利贷了。但是有一个关键的问题是多高的利率算是高利贷呢？我们需要一个判断标准。根据2020年8月20日最高人民法院发布的新修订的《最高人民法院关于审理民间借贷案件适用法律若干问题的规定》（以下简称《规定》），"以中国人民银行授权全国银行间同业拆借中心每月20日发布的一年期贷款市场报价利率（LPR）的4倍为标准确定民间借贷利率的司法保护上限"，也就是《规定》认定超过一年期贷款市场报价利率③的4倍，就算是高利贷，不受法律保护。要特别注意，《规定》中明确"民间借贷是除以贷款业务为业的金融机构以外的其他民事主体之间订立的，以资金的出借及本金、利息返还为主要权利义务内容的民事法律行为"。也就是金融机构发放的贷款利率，不受司法保护上限（一年期贷款市场报价利率4倍）的限制。

---

① 威廉·戈兹曼. 千年金融史 [M]. 北京：中信出版社，2017：45.
② 例如陈志武通过考察1934年各省的高利贷发展水平对1978—1998年间人均GDP增长速度的影响，得到的结论是民间金融发展水平对各区域中老百姓收入增长起着关键作用。
③ 贷款市场报价利率可以简单地理解为各主要商业银行对本行最优质客户的贷款利率的算术平均值，每月20日公布，目前有一年期和五年期两种。

3.4 消费信用和校园贷

在现代社会，消费信用是最普遍存在的信用形式，几乎没有人能离得开消费信用。导入故事中的租金贷，就是消费信用的一种。在这一节我们介绍几种主要的消费信用形式，并重点分析校园贷。

3.4.1 消费信用的概念及其主要形式

消费信用（consumer credit）是向消费者个人提供的、用以满足其消费需要的信用。理解这个概念需要把握两点：首先，信用的对象是消费者，是一个个独立的人；其次，信用的目的是消费，就是借钱是为了花掉。我们先来看看"知乎"上一位 1997 年出生的小伙子自己公布的欠债明细（图 3-2），这张图囊括了常见的消费信用的四种主要形式。

网贷名称	总借款	当前总欠数	是否上征信	是否有砍头息	逾期时间
美团（马上金融安逸花）	4700	3073.4			7.19
小米（宜享花）	5000	5496.37		有服务费	6.25
支付宝（花呗）	5000	5107.29			7.9
支付宝（借呗）	15926.92	15926.92			7.14
拍拍贷	24053	11192.46			6.24
新橙优品（拍拍）	7000	5333.41			7.15
京东白条	1437	1215.2			7.6
京东金条	4800	1959.74			7.1
分期乐		12577.53			7.19
及贷	13300	13848.13		保证金共1330	6.27
钱站	17000	15304.6		有高额服务费共2293.6	7.7
盈盈有钱（提前还款2783.27）	5000	3980.43			7.11
信用飞	8000	7014.7		首期还款有服务费1260.48	7.23
小象优品	18609.45	18980.79			6.27
桔多多	2000	2210.17			7.19
分期易	9000	12237.45		有高额服务费	7.3
小雨点闪贷	10000	12053.16			7.9
总计	150826.4	147511.72			

信用卡名称	额度	当前总欠数	账单日	还款日
交通银行	6000	6000	19	
车贷		1803（余12期）	19	

图 3-2　负债 20 万元的小伙子
资料来源：知乎（https://www.zhihu.com）

1. 金融机构提供的消费信贷

消费信贷是各金融机构以个人贷款的形式提供的消费信用，贷款利率由各金融机构自行确定。消费信贷的还款方式大致可以分为两种：第一种是到期一次性还本付息，第二种是分期还款（又可以细分为多种还款方式）。导入故事中提到的租金贷，就是由微众银行向租房的年轻人提供的消费信贷，资金的用途是支付房租，还款方式是分期还款。比一般的消费信贷稍微复杂一些，租金贷的信用链条还有第三方：房屋中介（蛋壳公寓）。为了控制借款人（租户）资金的实际用途（只能用于租房），银行（微众银行）直接把贷款支付给房屋中介（蛋壳公寓），然后由借款人按照合同约定每月还款（月供）。为了降低信用风险，银行会要求房屋中介（蛋壳公寓）提供担保。蛋壳公寓这个故事的特殊也是值得深思的地方就在于，不是借款人的问题导致了信用链条断裂，而是第三方（蛋壳公寓）出了问题。

能够提供消费信贷的金融机构除了商业银行（如上例中的微众银行），常见的还有消费金融公司、汽车金融公司等。消费金融公司就是专门发放消费信贷的金融机构，目前我国共有消费金融公司25家；汽车金融公司是专门发放车贷的金融机构，往往隶属于某大汽车生产商。图3-2中小伙子向拍拍贷、钱站、及贷等借的钱，属于互联网金融机构（P2P）提供的消费信用；而车贷，可能是商业银行提供的，也可能是汽车金融公司提供的。

无论是商业银行、消费金融公司还是汽车金融公司，都是既可以提供线上贷款，也可以提供线下贷款。例如中国工商银行的线上消费信贷产品——融e借，其宣传语是"让天下没有难借的钱"，就是说消费信贷"容易借"，点几下鼠标或者手机屏幕，就可以很容易地把钱借到手。这些年，一方面消费成为支撑经济增长的持久动力，从上到下的政策都在鼓励甚至刺激消费；另一方面，整个社会的流动性很充裕（体现为广义货币M2的增速），就是说"不差钱"，所以消费信贷的条件很宽松，确实是"容易借"。

2. 分期付款

分期付款是门槛更加低的消费信用，甚至很多人根本没有意识到分期付款实质上也是一种信用行为。大部分的电商平台，无论是在天猫还是京东都可以选择分期付款方式，在一些线下的实体店，如苏宁电器等，也接受分期付款。还有一些专门做分期付款的互联网机构，如趣店（原名趣分期）、分期乐等。正常情况下，选择分期付款方式，各期付款之和应该大于一次性付全款，因为其中包含了利息（有些平台以服务费列示）。但是，一些电子产品（如手机），由于更新换代比较快、价格浮动比较大，以及促销等原因，也会出现分期付款总额与付全款相同的情况。图 3-2 中，分期乐、分期易、小象优品等都是分期付款平台。

3. 信用卡

信用卡是银行卡的一种。银行卡，是由商业银行（或者发卡机构）发行的具有消费信用、转账结算、存取现金等全部或者部分功能的信用支付工具。根据清偿方式不同，银行卡可以分为借记卡和信用卡两种。所谓的借记卡，就是我们平常说的储蓄卡，持卡人必须先在卡内存入资金，然后才能刷卡消费或者转账，不允许透支；而信用卡，是银行或者发卡机构给予持卡人一定的授信额度，持卡人可以在额度内透支使用，在规定的还款日期之前还款，逾期要缴纳罚息。根据《商业银行信用卡业务监督管理办法》（中国银监会令 2011 年第 2 号），信用卡是记录持卡人账户相关信息，具备银行授信额度和透支功能，并为持卡人提供相关银行服务的各类介质。持卡人可依据发卡机构给予的授信额度，凭卡在合作商户直接透支消费，并可享受免息还款期服务。如果未能在最后还款日之前偿还全部本金，未偿还的部分需要支付利息，一般是按照日利率 5‰ 计息，即应付利息 = 欠款金额 × 逾期天数 × 5‰，折算成年利率约为 18.25%（按一年 365 天计算）。图 3-2 中，小伙子有交通银行的信用卡欠款 6 000 元。

4. 电商平台的"虚拟信用卡"

科技的发展创新，推动支付工具从有形的信用卡向无卡支付迈进，出现了一种新的消费信用形式——基于电商平台的虚拟信用卡。近年来，一些大的互联网企业如阿里、京东、腾讯等，依托电商平台，提供在线小额消费信用，如蚂蚁"花呗"、京东白条等。本书以"花呗"为例，具体过程如图 3-3 所示。

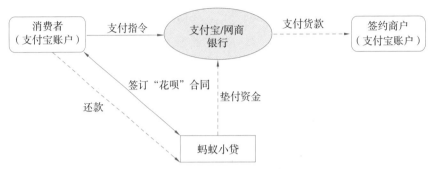

图 3-3 "花呗"账户开立及结算过程

注：本图设计的目的是说明信用关系，为了简明扼要突出重点，忽略了网联环节，以及支付宝与网商银行之间的资金结算关系

消费者只要有支付宝账户就可以申请"花呗"，签署"花呗"服务电子合同后，需要通过支付宝账户获得授信并支付，由蚂蚁小贷代为付款（提供资金），通过网商银行进行结算。网商银行接到支付宝付款指令之后，将相应的消费款项支付给消费者的交易对手（淘宝、天猫商户）。到还款日，支付宝自动从消费者的支付宝账户中划扣资金，转到蚂蚁小贷在网商银行的账户，偿还借款。

按照"花呗"合同的规定，客户在免息期内按期全额还款不需要支付利息，但是超过免息期就需要按照日利率5‰付息，逾期利率与信用卡相同。"花呗"还可以提供分期付款服务，根据分期的期数收取手续费，3期付款的分期手续费为商品价格的2.3%，6期付款的分期手续费为商品价格的4.5%，12期付款的分期手续费为商品价格的7.5%。需要特别提醒，分期手续费不是利息，如果超过了免息期，还是需要支付逾期利息。

从功能属性上看，蚂蚁"花呗"、京东白条等，与信用卡一样，都是小额、短期、高频、无抵押、循环使用的信用贷款。从功能属性和法律关系上，可以将"花呗"白条等定义为一款非银行金融机构发行的、具有典型信用卡特征和功能的虚拟信用卡。在图3-2中，小伙子几乎把各大电商平台一网打尽了，不仅有"花呗""白条"，还有小米的"宜享花"、美团的"安逸花"。

3.4.2 校园贷的概念界定

校园贷是指专门针对在校大学生提供的消费信用。校园贷并不是一种消费信贷产品,甚至不能说是一种消费信用形式,它强调的是特殊的信用对象——在校学生。前面讲到的消费信用的四种基本形式,只要借款人是在校学生,那么都可以被称为是校园贷。换句话说,校园贷既可以是金融机构提供的消费信贷,也可以是分期付款形式,或者直接使用"花呗""白条"等虚拟信用卡,只要借款人(受信人)是大学生,就是校园贷。根据我国金融监管部门的规定,商业银行不得向在校学生发放信用卡,因此一般情况下,校园贷中不包含信用卡形式①。

按照信用的基本概念,即以收回为条件的借出,或者以归还为义务的取得。之所以会产生借贷行为,是因为债权人(授信者)对债务人(受信者)有信心,相信后者可以按照约定还本付息。在校学生并没有收入,为什么会向其提供消费信用呢?主要的原因大概有两个:首先,从需求方分析,年轻人消费需求比较旺盛,向他们提供消费信用能够帮助他们"花明天的钱圆今天的梦",实现跨期价值配置,提高当前的消费水平;其次,从供给方分析,各种金融机构和互联网平台在激烈市场竞争下,需要寻找新的利润增长点,而针对年轻人的消费信用相关产品,具有广阔的市场前景和较高的盈利水平,虽然隐藏着相当大的风险,对某些金融机构、特别是互联网平台,仍然具有极大的吸引力。

3.4.3 警惕校园贷陷阱

不可否认的是,在校园贷的发展过程中,出现了很多的问题。为了逐利,各类从业机构不断降低信用标准,高频次地精准投放带有明显诱导性的夸张广告,刺激年轻人的消费欲望,让涉世未深的年轻学生有了一种错觉:信用消费是一种成本极低甚至没有成本的理性行为。对很多年轻的消费者来说,"花明天的钱圆今天的梦"

---

① 2021年3月17日,中国银保监会等五部门发布《中国银保监会办公厅 中央网信办秘书局 教育部办公厅 公安部办公厅 中国人民银行办公厅关于进一步规范大学生互联网消费贷款监督管理工作的通知》,规定小额贷款公司不得向大学生发放互联网消费贷款,银行业金融机构要审慎开展大学生互联网消费贷款业务。

已经成为一种习惯,"剁手族"这一群体越来越庞大,其中不少人陷入恶性债务循环,甚至多次出现大学生因无力还贷自杀的极端事件。正确认识并规避校园贷中存在的陷阱,合理负债,对当代大学生来说是一种基本的金融素养。归纳起来,校园贷中可能存在的陷阱有以下四点。

1. 借款成本不透明

在分期付款形式的校园贷中,各互联网平台消费信贷费率的计算规则和费率标准差别很大,甚至同一平台对不同的商品提供分期付款收取的费率也各不相同。贷款差别定价当然无可厚非,问题的关键是,除了极少数平台(如京东)会明确地标注出手续费费率(如每期固定费率0.6%)外,大部分的平台仅仅显示分期付款的金额。更麻烦的是,各平台约定的分期还款计算方法并不相同,由于不同期限隐含的实际借款费率没有明确列示出来,没有受过专门财务训练的消费者,要想计算出自己承担的实际借款成本,简直是"难于上青天"。

更为隐秘的是,还有一些提供校园贷的机构收取保证金和手续费等费用,变相提高借款成本。例如借了1 000元钱,扣除5%的保证金和5%的手续费,实际拿到手只有900元。而计算利息的时候,却是按照初始借款额1 000元计算,借款人承担的实际借款成本远远高于双方签约的合同利率。

2. 利息算法陷阱

在消费信贷形式的校园贷中,采用的利息计算方法与正常的银行贷款不同。例如"月息低至一分"是校园贷常见的广告用语,月息一分就是按月利率1%计息,根据前面我们学过的知识,折算成年利率为12%,看似不高。按照校园贷的利息计算方法,是用借款本金计算出本息和,再除以12计算每月的还款额度,如下式所示(假设月利率1%):

$$校园贷每月还款金额 = 借款本金 \times (1+12\%) \div 12$$

这种算法看似没有任何问题,其实却隐藏着一个陷阱,就是已经偿还的本金不会被扣除。也就是说,12个月都按照最初的借款本金计息。有过银行贷款经验的人马上会意识到,在银行贷款利息的计算方式中,已经偿还的本金会从下期计息的本金中扣除掉，也就是本金越还越少，当然产生的利息也越来越少。如果把校园贷的计息方式转换成银行的正常算法，月利率1%的校园贷，实际年利率约为21.5%。

一旦借款人因为某些原因未能及时还款，就需要缴纳惩罚性的逾期利率。逾期利率通常极高，且按日计算复利，具有可怕的"利滚利"效应。在前面我们讲过，如果是按复利计息，计息的频率是一个很关键的因素，计息频率越高，利息积累得越快，很容易让借款人深陷债务泥沼无力挣脱。为了牟取暴利，一些无良的放贷机构甚至会在借款到期日"失联"或者"平台故障"，故意导致借款人逾期。

3. "猎杀放贷"

所谓"猎杀放贷"，就是指贷款机构没有按照法律规定向借款人真实、详尽地披露有关贷款条款和实际贷款利率、风险等复杂信息，而仅仅强化欲望得到满足的快乐，诱骗单纯的借款人。例如，专门做旅游分期付款的互联网平台"首付游"，其网页上写着"3位数出境游，首付就出发"，里面的各条出境旅游线路更是极富诱惑力；大学生最常用的分期购物平台"分期乐"，曾经打出"全场免息"字眼（请注意不是免手续费）。这其实是一种很普遍的现象，各种分期付款平台，基本上都是购物狂欢节的气象，年轻的消费者很容易忘了分期付款也是有成本的。《北京青年报》的记者刘旭对校园贷款平台"是如何运作并一步步套牢大学生的"进行了调查，总结出互联网贷款平台的运作过程：通过各种形式的宣传，鼓励甚至诱惑大学生超前消费；招聘学生在校园里推广网贷产品，按照拉入的人头提成；贷款审核不用视频网签，最快3分钟完成。

4. "以贷还贷"

低收入甚至没有收入的年轻人一时冲动"花明天的钱圆今天的梦"，梦醒时分就很可能面临无法还款的困境。有相当部分的借款人就铤而走险，走上了"以贷还贷"的险途。而一些互联网贷款平台提供的"直接支付类"消费信贷产品，允许借款人直接提现，正好为无法还款的借款人提供了"拆东墙补西墙"的便利。曾经有一个典型案例："女大学生因买手机炫耀借款3 500元，以贷还贷滚成10万元"，被各大网站争相转发。根据该女大学生的自述，某网贷平台通过QQ主动找到她，"刚开始他就是跟我聊天，开解我，就像一个好朋友一样。"在明知道该学生没有还款能力的情况下，提供新的贷款，鼓励其"以贷还贷"。导致该学生前后一共签了七次借款合同，最终欠款本息合计超过了10万元。

中国银监会2010年2月12日发布的《个人贷款管理暂行办法》第三十条规定："个人贷款资金应当采用贷款人受托支付方式向借款人交易对象支付，但本办法第三十三条规定的情形除外。"① 也就是说，除非特殊情形，贷款人是不允许将贷款直接支付给借款人的。而在互联网消费信贷平台上，允许借款人直接取现并不是个别现象，客观上为"以贷还贷"提供了便利条件。

利用消费信用来提高个人和家庭当期的生活水平是无可厚非的，但是我们要充分认识到消费信用是一把双刃剑。信用提供了便利和机会，更意味着承诺和责任。国外有研究表明，透支消费会"上瘾"，越来越大的还款压力会带来很大的精神痛苦，甚至将整个家庭拖入无底深渊，彻底毁了年轻人的一生。震惊全国的女大学生"裸条"事件，进一步提醒我们，过度负债消费不仅能摧毁一个人的生活，还能吞噬一个人的尊严。更令人担忧的是，消费习惯一旦形成之后，便遵从一种不可逆的"棘轮效用"，即易于向上调整，难以向下调整，正如司马光所云，"由俭入奢易，由奢入俭难"。南怀瑾先生说过，中国人经济哲学的核心就是"勤俭"二字，消费价值观是克制、朴素、身心安顿，这一传统智慧在环境污染日益严峻的今天更具现实意义。

 本章小结

道德范畴的信用，与诚信同义，是指一个人言而有信、言出必行，善意地作出承诺，并且尽最大的努力来兑现承诺。经济范畴的信用是指借贷行为，即

---

① 《个人贷款管理暂行办法》第三十三条规定："有下列情形之一的个人贷款，经贷款人同意可以采取借款人自主支付方式：（一）借款人无法事先确定具体交易对象且金额不超过三十万元人民币的；（二）借款人交易对象不具备条件有效使用非现金结算方式的；（三）贷款资金用于生产经营且金额不超过五十万元人民币的；（四）法律法规规定的其他情形的。"可以看出，消费信贷不符合以上特殊情形，因此应该采取贷款人受托支付的方式。

以收回为条件的借出，或者以归还为义务的取得。经济学范畴的信用，是建立在道德范畴的信用基础上，后者为前者提供了产生的土壤。

信用一直是以实物借贷和货币借贷两种形式存在，无论是哪种形式的信用，都建立在财产所有权和使用权分离的基础上，从本质上讲信用是借贷双方建立的一种对时间的约定，可以理解为建立在契约基础上的跨期价值交易。信用的两个基本特征是风险和杠杆，风险是未来的不确定性，杠杆是对收益或者损失的放大效应。金融的范畴可以理解为：凡既涉及货币又涉及信用的所有经济关系和交易行为的集合。金融本质上是以货币为载体的人和人之间的信用关系，其存在的价值就在于在时间维度上重新配置风险、重新配置资本，并以此创造价值。

人类社会存在的两种基本信用关系是债权债务关系和股权关系，无论是债权债务关系还是股权关系，货币资金的所有权和使用权都产生了分离，都体现了信用的基本特征。

利息是货币所有者（或债权人）因贷出货币而从借款人（或债务人）那里获得的报酬。若是从借款人的角度看，利息则是借入货币所付出的代价。马克思认为利息是利润的一部分，西方经济学认为利息是对机会成本和风险的补偿。利息有两种计算方式：单利和复利。

利率是利息与本金的比率，由于利率能够剔除本金大小对利息总额的影响，所以可以用来对不同的借贷行为进行比较。按照不同的目的，利率可以被划分为不同的种类。按照计息周期可以分为年利率、月利率、日利率；按照是否考虑通货膨胀可以分为名义利率和实际利率；按照是否调整可以分为固定利率和浮动利率；按照利率的决定方式可以分为市场利率和官定利率；按照利率的地位可以分为基准利率和一般利率等。

消费信用是向消费者个人提供的、用以满足其消费需要的信用。生活中常见的消费信用有金融机构发放的消费信贷、分期付款、信用卡、电商平台的虚拟信用卡四种形式。校园贷是指专门针对在校大学生提供的消费信用，它可能以上面提到的任何一种形式存在。正确认识并规避校园贷中存在的陷阱，合理负债，对当代大学生来说是一种基本的金融素养。

 问题讨论

　　1.经济学意义上的"信用"与我们日常生活中的"信用"有没有关系？是怎样的关系？
　　2.经济生活中两种最基本的信用关系是什么？试举例说明。
　　3.什么是利息？什么是利率？列举几种常用的利率分类方法。
　　4.你或者你的亲朋好友有没有使用消费信用的经验？是哪种形式的消费信用？你是怎么看待消费信用的？

 即测即评

　　请扫描右侧二维码，进行即测即评。

第 4 章
金融市场和金融机构

> 当我年轻的时候,人们称我为赌徒;后来我的生意规模越来越大,我成为一名投机者;而现在我被称为银行家。但其实我一直在做同样的工作。
>
> ——欧内斯特·卡塞尔

思维导图

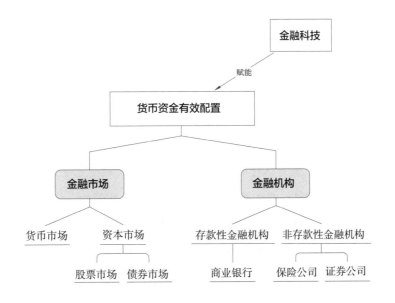

导入故事：包商银行破产

北京市第一中级人民法院于2021年2月7日作出"（2020）京01破270号之一"《民事裁定书》，裁定包商银行股份有限公司破产。这是新中国成立以来第一家经法院裁定破产的商业银行。

包商银行前身为1998年成立的包头市商业银行，2007年更名为包商银行，2008年至2011年获准在北京、深圳、成都、宁波设立4家区外分行，业务快速向区外扩张。包商银行机构股东有79户，持股比例为97.05%，其中，明确归属明天集团的机构股东有35户，持股比例达89.27%，远超50%的绝对控股比例。由于股权过于集中，大股东很容易根据"一股一票"和"资本多数表决"原则"合法地"操纵股东大会，使股东大会成为大股东主导的决策机构，股东大会"形式化"或"走过场"，成了大股东干预和掏空包商银行的合法外衣，股东监督机制名存实亡。2005年以来，明天集团通过大量的不正当关联交易、资金担保及资金占用等手段进行利益输送，包商银行被逐渐"掏空"，造成严重的财务与经营风险，直接侵害其他股东及存款人的利益。清产核资结果显示，2005—2019年的15年里，"明天系"通过注册209家空壳公司，以347笔借款的方式套取信贷资金，形成的占款高达1560亿元，且全部成了不良贷款。

原内蒙古银监局副局长刘金明、贾奇珍等地方监管高官不仅收受贿赂，还插手包商银行内部人事任命和工程承揽等事务；有些关系人通过自己控制的公司从包商银行骗取巨额贷款，通过自办的律师事务所从包商银行获取高额律师服务费。在如此混乱的经营环境下，包商银行的风险管理体系和内控机制完全成了摆设。例如，包商银行业务部门大量通过虚列开支以及虚开发票列支所谓的咨询费、招待费、会议费、评估费等套取包商银行资金。"费用薪酬化"几乎成了包商银行的潜规则。可以说，包商银行不是一天被搞垮的，也不是被一个人搞垮的。

2019年5月24日，包商银行因出现严重信用风险，被人民银行、银保监会联合接管。从接管开始之日起,接管组全面行使包商银行的经营管理权,委托建设银行托管包商银行的业务。接管组最终决定采取新设银行收购承接的方式推进改革重组,2020年4月30日,蒙商银行正式成立并开业。同日,包商银行接管组发布公告,包商银行将相关业务、资产及负债分别转让至蒙商银行和徽商银行(系4家区外分行)。存款保险基金根据《存款保险条例》第十八条授权,向蒙商银行、徽商银行提供资金支持,并分担包商银行的资产减值损失,促成蒙商银行、徽商银行收购承接,保持金融业务连续运行。此外,存款保险基金还提供资金,对各类债权人特别是近500万储户、20万个人理财客户和3万户中小微企业的合法权益给予充分保障。

2020年11月23日,银保监会发布关于包商银行股份有限公司破产的批复。公告称:"《关于包商银行股份有限公司破产申请事项的请示》收悉,经研究,原则同意包商银行进入破产程序。包商银行应严格按照有关法律法规要求开展后续工作,如遇重大情况,及时向银保监会报告。"从人民银行、银保监会接管包商银行到进入破产程序,历时18个月。这期间各项工作平稳进行,并未引起大的社会恐慌,存款保险制度发挥了重要作用。

4.1 金融机构体系概览

4.1.1 金融机构的概念

金融机构(financial institution),又称金融中介,是指经营货币、信用业务,从事各种金融活动的组织。金融机构种类繁多,千差万别,形成一个庞大的体系。但是无论什么样的金融机构,其本质和基本特征都是一样的。从第3章我们知道金融本质上是以货币为载体的人和人之间的信用关系,其存在的价值就在于在时间维度上重新配置资金和经济价值,既然涉及未来就必然会有不确定性和风险,因此金融机构本质上是承担和经营风险的企业,这一点保险公司体现得最为明显。

金融机构与一般工商企业有本质区别,一般说来金融机构具有如下基本特征。

（1）其经营的产品是金融产品。因此在其资产负债表中，金融资产与实物资产相比，具有一般工商企业不能比拟的极高比率。

（2）高杠杆率。金融机构的资产负债率普遍高于一般工商企业，其所运营的资产规模与其资本金相比，比率（即杠杆率）高达十几倍、几十倍，甚至更高。这在实体经济中是不可想象的。

（3）高风险。极高的杠杆率决定了金融机构高风险的特征，此外，金融机构之间的联系极为紧密，一个机构的金融震荡，有可能很快蔓延到其他机构，引发系统性金融风险。

（4）处于严格的监管之下。正是由于金融机构具有高风险的特征，而且金融风险容易扩散至整个金融系统，所以在任何一个国家，金融机构通常都处于严格的监管之下。

4.1.2 金融机构的分类

林林总总的金融机构，可以按照不同的标准进行分类。在金融实践中通常采用的分类方法有"二分法"和"三分法"，"二分法"将金融机构分为存款性金融机构和非存款性金融机构；"三分法"将金融机构分为银行业金融机构、保险业金融机构和证券业金融机构。

1. 存款性金融机构和非存款性金融机构

根据资金来源及运用不同，金融机构可以分为存款性金融机构和非存款性金融机构。

存款性金融机构是指主要通过吸收存款获得资金来源，然后以发放贷款的形式将资金借给企业和个人，或者在金融市场上进行投资，以获得收益的金融机构。存款性金融机构的本质特征是可以吸收公众存款，主要包括商业银行、信用合作机构等。从资产负债表看，中央银行业应该属于存款性金融机构，因为商业银行等金融机构的存款构成了中央银行的主要资金来源，并且中央银行还向商业银行等金融机构发放贷款。但是因为中央银行的地位比较特殊，是一国金融监管和宏观调控的核心部门，所以应区别于其他存款性金融机构单列一类。

非存款性金融机构是指以在金融市场上发行证券，或者通过签订契约（如保险合同）吸收非存款性资金（如保费）获得资金来源的金融机构。非存款性金融机构的本质特征是不能吸收公众存款，主要通过发行证券在金融市场筹集资金，或者以契约的形式聚集社会闲散资金，主要包括保险公司、养老基金、基金公司、证券公司、期货公司等。

2. 银行业金融机构、保险业金融机构和证券业金融机构

根据金融机构的商业模式，金融机构可以分为银行业金融机构、保险业金融机构和证券业金融机构。

银行业金融机构主要是指上面讲到的存款性金融机构，即以吸收存款、发放贷款、提供支付清算服务为核心业务的金融机构，其主要利润来源为利息收入，主要包括商业银行、信用合作机构、财务公司等。除此之外，我国的银行业金融机构还包括一些非存款性金融机构，如政策性银行、金融租赁公司、金融资产管理公司等。

保险业金融机构主要是指以契约方式在一定期限内向投保人吸收资金，然后运用专业化风险管理技术为投保人或者指定的受益人提供某类风险保障的金融机构，主要包括各种保险公司和养老基金等。

证券业金融机构是指在证券市场上为企业和个人提供投融资服务的金融机构，主要包括证券公司、基金公司、期货公司等。

4.1.3 我国金融机构体系的构成

改革开放 40 多年来，我国的金融业改革发展取得了重大的成果，金融机构体系逐步完善，形成了以存款性金融机构（包括中央银行和商业银行等）为主体，多种金融机构并存的金融体系格局，详见图 4-1。在图中，我们先按照二分法，把中国的金融机构分为存款性金融机构和非存款性金融机构。然后，在非存款性金融机构部分，我们又按照"三分法"，把非存款性金融机构分为证券业金融机构、保险业金融机构和银行业（非存款性）金融机构。

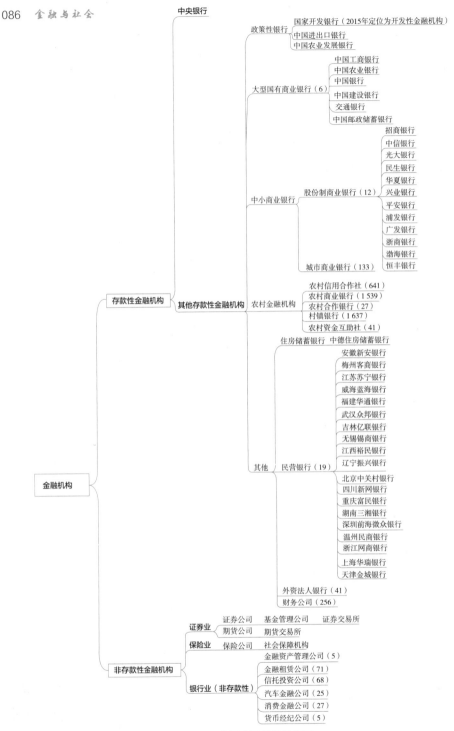

图 4-1 中国金融机构体系图

资料来源：根据中国银保监会数据自行整理，数据截止到 2020 年 12 月 31 日

根据"分业经营、分业监管"的原则,中国银保监会和中国证监会分别对证券业、保险业和银行业行使监管权,中国人民银行行使中央银行"保证国家货币政策的正确制定和执行,建立和完善中央银行宏观调控体系,维护金融稳定"的职责[①]。

4.2 几种重要的金融机构

在这一节,我们介绍几种与我们生活紧密相关并且十分重要的金融机构。

4.2.1 商业银行

商业银行(commercial bank)是最主要的存款性金融机构,也是和我们生活联系最紧密的金融机构。传统意义上的商业银行,主要靠吸收存款获得资金,以贷款为主要资产,以利息收入为主要利润来源,并通过提供支付结算服务赚取手续费收入。随着科技的发展和金融业的创新,现代商业银行已经转型成为为企业和个人提供全面金融服务的金融机构。

1. 商业银行的演进和发展

追本溯源,现代商业银行的发源地是意大利。中世纪,欧洲各国国际贸易集中于地中海沿岸各国,意大利处于中心地位。在此期间,意大利的佛罗伦萨和威尼斯等城市,出现了高利贷性质的从事存款、贷款和汇兑业务的机构。1580年,在当时世界商业中心意大利建立的威尼斯银行成为最早出现的近代银行,也是历史上首次以"银行"为名的金融机构。1694年,在英国政府的支持下,由私人创办的英格兰银行成立,这是世界上最早出现的股份制商业银行。英格兰银行的成立,标志着现代银行制度的建立。18世纪末到19世纪初,各个主要的资本主义国家纷纷建立起规模巨大的股份制银行。

在我国,规模小而且分散经营的传统票号和钱庄长期是占主导地位的金融机

[①] 引自《中华人民共和国中国人民银行法》,关于中国人民银行的职能和职责详见本书第7章。

构。1840年鸦片战争之后,西方列强为了在华贸易的方便,开始在中国开设商业银行,1845年英国人开办的丽如银行是中国第一家现代商业银行。此后,直至19世纪末,英国、美国、法国等西方列强纷纷在中国开办银行,控制了中国的金融命脉。中国商人自办的第一家银行是1897年成立的中国通商银行,它的成立标志着中国本土的现代银行制度创立。1904年成立了官商合办的户部银行(1908年改名为大清银行,1912年又改名为中国银行),1907年又成立了交通银行,也是官商合办的性质。

新中国成立之后,特别是改革开放之后,按照邓小平同志提出的"要把银行办成真正的银行"要求,国有商业银行进行了一系列卓有成效的改革,并根据市场需求创建了大量股份制银行,到目前已经形成规模庞大、功能完备的商业银行体系。其中包括国有大型商业银行6家、股份制商业银行12家、城市商业银行133家等,具体见表4-1。在导入故事中,依法破产的包商银行就是一家城市商业银行,为了承接其业务新开设的蒙商银行也是一家城市商业银行。

表4-1 我国商业银行的类型和数量(数据截至2020年12月31日)

类　　型	数量/家	典　型　代　表
国有大型商业银行	6	中国工商银行、中国农业银行、中国银行、中国建设银行、交通银行、中国邮政储蓄银行
股份制商业银行	12	招商银行、中信银行、光大银行、浦发银行、民生银行、华夏银行、平安银行、兴业银行、广发银行、渤海银行、浙商银行、恒丰银行
城市商业银行	133	北京银行、天津银行、南京银行、宁波银行、上海银行、蒙商银行、徽商银行等
住房储蓄银行	1	中德住房储蓄银行
民营银行	19	天津金城银行、上海华瑞银行、浙江网商银行、温州民商银行、深圳前海微众银行、湖南三湘银行、重庆富民银行、四川新网银行、北京中关村银行、吉林亿联银行、武汉众邦银行、福建华通银行、威海蓝海银行、江苏苏宁银行、梅州客商银行、安徽新安银行、辽宁振兴银行、江西裕民银行、无锡锡商银行
农村商业银行	1 539	北京农村商业银行等
村镇银行	1 637	略

续表

类　型	数量/家	典型代表
农村信用社	641	略
农村资金互助社	41	略
农村合作银行	27	石家庄汇融农村合作银行等
外资法人银行	41	汇丰银行、花旗银行、恒生银行、星展银行、渣打银行、德意志银行等
合计	4 097	

资料来源：银保监会官网

2. 商业银行的主要业务

商业银行的主要业务根据是否进入资产负债表可分为表内业务和表外业务。表内业务包括负债业务和资产业务，表外业务即中间业务。表 4-2 是一张简化的资产负债表①，可以清晰地了解商业银行表内业务的主要种类和相互关系。

表 4-2　一张简化的商业银行资产负债表

资　产	负债和所有者权益
现金	客户存款
贷款和垫款	交易性负债
证券投资	其他负债
其他资产	所有者权益

资产负债表就像一张静态的照片，告诉我们某一时间商业银行资金的"来龙去脉"。负债和所有者权益方告诉我们商业银行的"钱是从哪里来的？"。从表 4-2 中可以看出，商业银行主要靠吸收客户存款来获得资金，因此存款业务是商业银行最重要的负债业务。除此之外，商业银行也可以在金融市场上以同业拆借等手段筹集短期资金，或者发行债券筹集长期资金，体现为交易性负债。所有者权益就是股东自己的钱。

---

① 会计恒等式：资产 = 负债 + 所有者权益，读者如果没有基础会计的知识，下面会有浅显的解释。

资产负债表的资产方告诉我们"钱花到哪里去了?",一家商业银行要可持续经营,显然需要"把钱花到刀刃上",这个刀刃就是能够在未来带来收益的资产。对商业银行来说,负债筹集来的资金主要用于发放贷款,还有一部分钱在金融市场上进行证券投资。在导入故事中,包商银行的大股东"明天系"通过注册209家空壳公司,以347笔借款的方式套取信贷资金,形成的占款高达1 560亿元,且全部成了不良贷款。像这样的贷款就是"毒资产",导致广大存款人的资金安全无法得到保障。

随着金融科技的发展,现代商业银行正在将自己打造成一个大平台,将资金供给端和融资需求端更有效地连接起来。"一端是资产,一端是资金,一端是需求,一端是供给,实体经济转型升级的愿景与人民美好生活的愿望实现历史性的交融,站在社会融资和居民财富中央的商业银行责无旁贷,大财富管理成为打通供需两端、服务实体经济、助力人民实现美好生活的主要'连接器'。""让'对的钱'在'对的时间'投资'对的产品'。"①

3. 存款保险制度

银行破产会极大地损害存款人的利益,而且会造成社会和经济的震荡。存款保险制度是一种对存款人利益提供保护、稳定金融体系的制度安排。在这一制度安排下,吸收存款的金融机构根据其吸收存款的数额,按照规定的保费率向存款保险机构投保,当存款机构破产且无法满足存款人的提款要求时,由存款保险机构承担支付法定保险金的责任。

存款保险制度最早在美国建立,1929—1933年的大萧条导致大批银行破产,引发了严重的金融体系动荡。1933年由联邦政府出面成立了联邦存款保险公司(FDIC),专门对商业银行和互助储蓄银行的存款提供保险,以保护存款人的利益,重新树立社会公众对银行体系的信心,维护金融体系的稳定。

2015年2月17日,国务院正式公布了《存款保险条例》(国务院令第660号),

---

① 招商银行股份有限公司年度报告(2020)[EB/OL].http://www.cmbchina.com.

并决定从 2015 年 5 月 1 日起正式实施，中国成为全世界第 114 个实行存款保险制度的国家。2019 年 5 月 24 日，中国人民银行出资设立存款保险基金管理有限责任公司，在导入故事中，存款保险基金根据《存款保险条例》第十八条授权，向蒙商银行、徽商银行提供资金支持，并分担包商银行的资产减值损失，促成蒙商银行、徽商银行收购承接，保持金融业务连续运行。此外，存款保险基金还提供资金，对各类债权人特别是近 500 万储户、20 万个人理财客户和 3 万户中小微企业的合法权益给予充分保障。包商银行破产清算并未引起大的社会恐慌，存款保险制度发挥了重要作用。为保护存款人合法权益，促进银行业健康发展，中国人民银行授权参加存款保险的金融机构自 2020 年 11 月 28 日起使用存款保险标识，以进一步完善存款保险制度。

4.2.2　保险公司

保险公司（insurance company）是收取保费并承担风险补偿责任，拥有专业化风险管理技术的机构组织。它属于非存款性金融机构，是最重要的保险业金融机构。

保险公司具有久远的历史，早在公元前 5 世纪至公元前 4 世纪就存在为个体和群体利益而采用的救灾和损失补偿方法，属于人寿保险和意外保险的原始形态。15 世纪以来，贸易与海运促进了英国海上保险的发展，同时由于海上贸易中商人的生命安全与货物运输联系在一起，因此人身保险业务也随之发展起来。

根据保险的基本业务，可以把保险公司划分为人寿保险公司、财产保险公司、再保险公司。其中，人寿保险公司的保险产品是基于对被保险人寿命或者健康状况预期而提供的健康保险、伤残保险。此外，人寿保险公司还提供年金、养老基金、退休金等产品。财产保险公司主要针对一定范围的财产损失提供保障。再保险是保险公司将其承担的保险业务向其他保险人投保，即"保险的保险"。除少数保险公司在人寿保险、财产保险和再保险领域都很活跃外，多数保险公司都专注于某一类保险业务。例如中国人民保险公司专注于做财产保险，泰康人寿和中国人寿以人寿保险为主，平安保险则在各个领域都很活跃。

4.2.3 证券公司

证券公司（securities company）简称券商，是指由政府主管机关依法批准设立的、在证券市场上经营证券业务的金融机构。它属于非存款性金融机构，是最重要的证券业金融机构。证券公司的业务主要包括代理证券发行、代理证券买卖或者自营证券买卖、兼并与收购业务、研究及咨询服务、资产管理以及其他服务。证券公司收入的主要来源是提供各种金融服务的手续费或者佣金，我国规模比较大的证券公司有中信证券、国泰君安证券、招商证券等。

4.2.4 基金公司

基金公司是专门为中小投资者服务的投资机构，它通过发售基金份额，将众多分散的投资者的资金集中起来，形成独立财产，由基金托管人（商业银行）进行资金托管，委托职业基金管理人（基金经理）在金融市场从事证券投资活动。基金的投资人不参与基金的管理和操作，根据投资结果获得投资收益或者承担投资风险；基金的管理人根据投资人的委托在金融市场上进行投资运作，收取固定比例的管理费收入。

按照基金的资金募集方式和资金来源，可以将基金分为公募基金和私募基金。公募基金是以公开发行基金份额的方式筹集资金所设立的基金，目前大多数基金属于公募基金。私募基金是面向特定的投资群体，以非公开定向发行基金份额的方式募集资金所成立的基金，满足一些大的机构客户和高端人士的投资需求。

4.3 金融市场及其构成

4.3.1 金融市场及其基本功能

1. 什么是金融市场

市场（market）是信息集中并且进行交易的有形或者无形（互联网）的空间。在市场中，信息综合体现为价格信号，引领资源在不同的人或者部门之间流动，实现资源的有效配置。一个有效的市场，价格能够包含所有的信息。按照信息集中和交易的产品类别，可以将市场划分为两大类：一类是集中商品和服务信息并进行交易的市场，简称产品市场；另一类是集中生产要素（资本和劳动力）信息并进行交易的市场，简称要素市场。

金融市场（financial market）属于要素市场，在这个市场上集中和交易各种金融产品，进行资金融通。由于资本作为一种生产要素的特殊性，通过在金融市场上对金融资产的交易，最终可以帮助实现社会实物资源的配置。从这个意义上说，金融市场与产品市场之间存在密切的关系。

2. 金融市场的基本功能

金融市场的运行规律和基本功能与其他市场有显著差异，其功能主要体现在以下几方面。

1）实现资金有效配置

金融市场最基本、最主要的功能，是实现资金从盈余方向赤字方的融通转移，实现资金的有效配置。金融市场，积聚了众多交易主体，创造出各种金融产品，搭建了一个集中资金供求双方信息的平台，使得资金盈余方和资金赤字方可以在平等自愿的前提下，通过签订契约（体现为各种金融产品）实现资金的融通。金融市场在为资金供求双方提供调节资金余缺的平台的同时，也促进了社会储蓄向投资转化，进而促进经济发展。

2）价格发现

金融市场是一个集中金融产品信息的场所，这些信息体现为金融产品的价格，如股票的价格、债券的收益率等。金融产品的价值，取决于其未来收益，而价格就是对未来收益预期的反映。买卖双方都会根据自身立场和所掌握的市场信息，独立作出买卖决策，市场通过公开竞价形成双方达成一致的市场价格。因此，市场交易具有价格发现功能。

3）转移和分散风险

从第3章我们知道金融本质上是以货币为载体的人和人之间的信用关系，其存在的价值就在于在时间维度上重新配置资金和经济价值，既然涉及未来，就必然会有不确定性和风险。金融市场上有多种金融产品可以选择，资金的供求双方可以根据自己的风险承受能力和对收益的要求，在金融市场上自由选择金融产品。虽然金融市场不能最终消除金融风险，但是却可以为金融风险的分散和转移提供平台。

4）宏观调控传导功能

现代金融市场，特别是货币市场，是中央银行实施宏观金融调控的场所。首先，金融市场为货币政策提供了传导路径。中央银行在货币市场上进行公开市场操作，买卖有价证券以调剂货币供给量，通过影响利率的水平来实施宏观调控，金融市场利率的变化是中央银行货币政策决策的重要参考依据。其次，财政政策的实施也离不开金融市场，在金融市场上发行国债，成为各国政府筹集资金弥补财政赤字的主要方式。而国债，又成为金融市场交易的重要金融产品，为中央银行公开市场操作提供了工具。最后，金融市场的培育和成长可以为政府产业政策的实施创造条件。例如，2019 年 6 月我国在上海证券交易所新设科创板，主要服务于符合国家战略、突破关键核心技术、市场认可度高的科技创新企业。

4.3.2 货币市场

与金融机构一样，金融市场也是一个种类繁多的庞大体系，可以按照不同的标准分类。其中最常见的一种分类方法，是按照在金融市场上交易的金融产品的期限将金融市场分为货币市场（money market）和资本市场（capital market）。

货币市场是指以期限在一年以内的金融产品为交易对象进行短期资金融通的市场。显然，货币市场最突出的特征就是金融产品交易期限短，因此只能满足短期的流动资金周转需要，如果企业或者个人想筹集长期资金，需要去资本市场。货币市场交易的金融产品期限短，决定了这个市场有较强的流动性，就是随时可以在市场上把自己持有的金融产品卖出去。除此之外，货币市场的进入门槛较高，大多数交易的金额都比较大，一般的个人投资者难以直接参与市场交易，因此，货币市场是一个典型的以机构投资者为主的金融市场。

但是这并不意味着普通老百姓不能进入货币市场投资，我们可以通过购买基金公司发行的货币市场基金，间接进行货币市场投资。所谓货币市场基金，就是基金公司发行的专门在货币市场上进行投资的基金。例如，大家都非常熟悉的"余额宝"本质上就是支付宝公司与天弘基金公司联合推出的一款货币市场基金产品（图4-2）。实际上，货币市场基金产品很丰富，各个基金公司都有自己的货币市场基金产品，在任何一家银行的柜台或者任何一家银行的App上，我们都可以方便地购买。

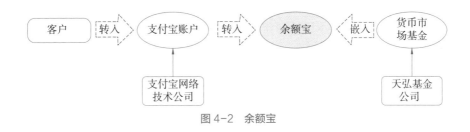

图4-2 余额宝

4.3.3 资本市场

与货币市场相对，资本市场是指以期限在一年以上的金融工具为交易对象进行长期资金融通的市场。一般情况下，我们所说的资本市场是指狭义的资本市场，即发行和流通股票、债券等有价证券的市场，也称为证券市场。资本市场的主要特征是融资期限长，在一年以上，股票融资甚至没有偿还期限。因此，这一市场主要是满足长期投资资金的需求。债券市场和股票市场是最重要的资本市场。

1. 债券市场

债券（bond）是债务人发行的承诺按一定的期限和利率水平支付利息并按约定期限偿还本金的、证明持有人和发行人之间债权债务关系的法律凭证。债券可以理解为固定面值和标准化格式的欠条，它确定债券发行人和债券投资人之间的债务债权关系。债券发行和流通的市场就是债券市场。

债券可以按照不同的标准进行分类，最常见的一种分类方法是按照债券的发行主体将债券分为政府债券、金融债券和公司债券（企业债券）。政府债券，是指由政府（包括中央政府和地方政府）及其所属机构发行的债券，其中中央政府发行的债券称为国债，被认为是风险最低的金融产品；金融债券是金融机构发行的债券，金融债券的发行利率通常低于同期限的公司债券，但高于同期限国债；公司债券（企业债券）是由公司发行的债券，一般只有信用等级比较高的公司才能在债券市场发行债券融资。

世界上最早的债券出现在威尼斯。1172年，威尼斯政府创新性地发行公债，向公民借款，这笔借款是为了应对巨大的人质危机以及与拜占庭争夺亚得里亚海控制权的战斗，威尼斯政府承诺按照年息5%支付利息。这是一个重大的金融创新，让世界上出现了政府债券，也让所有威尼斯人成为国家的债务人和债权人。发行债券筹集的资金使得总督维塔莱二世·米歇尔（Vitale II Michiel）建立起庞大的舰队以对战拜占庭帝国，后来因为发生瘟疫战争失败了，威尼斯政府虽然支付了稳定的利息，却无力偿还本金。1262年，威尼斯颁布《债券法》，将之前所有的国家债务合并为单一的基金，允许债券在投资者之间进行转让，可以在市场上进行买卖。这样，持有债券的投资者可以在市场将债券变现，债券的交易价格由市场供求决定，体现了投资者对威尼斯政府持续偿债能力的预期。

2. 股票市场

股票（stock）是股份有限公司在筹集资金时向出资人发行的股份凭证，它代表着持有者（即股东）对股份公司的所有权。股票最突出的特征就是不返还性，股票持有人可以按照公司的分红政策定期或者不定期地取得红利收入，也可以在股票市场上将自己持有的股票转让给别人，但是没有权利要求发行股票的公司偿还本金。股票发行和流通的市场就是股票市场，大部分股票市场有固定的交易场所，称为证券交易所，如我国的上海证券交易所和深圳证券交易所。

显然，股票是股份有限公司筹集长期资金的理想金融工具。一方面，股票没有到期日，股份公司筹集的资金可以永久使用；其次，股票没有固定的偿还义务，股份有限公司根据自己的经营情况决定是否分红，以及分多少红。

世界上最早的股票市场诞生在荷兰。英国东印度公司创立于1600年，它的"表亲"荷兰东印度公司创立于1602年，这两家公司在接下来的两个世纪，垄断了欧洲与亚洲的贸易。这两家公司都是以海上探险起家，客观上需要解决三个问题：长期融资；风险共担；为了吸引投资者，还需要为投资者提供流动性。东印度公司通过发行股票实现了资本的聚集，为了交易东印度公司的股票，1609年成立了荷兰阿姆斯特丹股票市场，这是世界上第一个股票交易市场。

4.4 金融科技：是科技还是金融

4.4.1 金融科技的定义

当前对什么是金融科技，在理论上和实践中都存在着较多的分歧。金融科技到底是科技（FinTech）还是金融（TechFin），始终存在争议。金融稳定理事会（FSB）于2016年3月首次发布了关于金融科技的专题报告，将金融科技定义为技术驱动的金融创新，它能创造新的业务模式、应用、流程或产品，从而对金融市场、金融机构或者金融服务的提供方式造成重大影响。

中国人民银行发布的《金融科技发展规划（2019—2021年）》沿用了金融稳定理事会的定义，将金融科技定义为技术驱动的金融创新，旨在运用现代科技成果改造或创新金融产品、经营模式、业务流程等，推动金融发展提质增效。也就是说，金融科技本质上是一种金融创新，由技术驱动，是现代科技在金融领域的应用。可以这样理解，金融科技是金融与科技"嫁接"的产物，具有两个基因：一个是以"大智移云"（大数据、人工智能、移动互联、云计算）为代表的现代科技基因；另一个是金融的基因。

4.4.2 金融科技的参与者

金融科技的参与者主要分为三类：一是金融科技公司，如京东科技有限公司、蚂蚁科技集团等；二是持牌金融机构，如商业银行；三是部分互联网金融公司、网络小贷公司等。不同的参与主体所理解和实践的金融科技不尽相同。如腾讯旗下的前海微众银行，科技人员占员工数量的 60%，研发费用占营业收入近 10%，没有线下网点，他们所理解的金融科技是包括支持场景创新的开放平台、基于开源软件等的开放创新、基于分布式技术的商业联盟等在内的金融服务。在传统商业银行，金融科技是一个提供技术支持的部门，而对于前海微众银行，金融科技是 DNA（脱氧核糖核酸），是生命。

过去 10 多年，传统商业银行已惘然目睹了金融科技重新定义零售业务的全过程，从支付延伸到存贷款、财富管理，传统银行的资金中介、信息中介职能已受到深刻冲击，信用中介作用亦面临威胁。以招商银行为代表的传统商业银行顺势主动求变，提出打造"金融科技银行"的目标，把科技作为变革的重中之重。银行业已传承数百年，经历多次时代变局，经济周期、贸易冲突和监管政策变革没有改变银行的商业模式，电气时代和信息时代也只是为银行提供了更高效的渠道和工具，但新一轮科技革命则可能从根本上颠覆银行的商业模式。随着社会发展从消费互联网向产业互联网深入，金融科技重新定义公司金融和资产管理也迫在眉睫。肉眼可见范围内，金融科技正在对传统银行所有业务及经营管理进行全流程数字化改造、智能化升级和模块化拆分。可以预见，一个数字化、智能化、开放性的银行 3.0 时代正在到来，金融科技将彻底改变商业银行的服务模式、营销模式、风控模式、运营模式，拓展传统商业银行的服务边界。

4.4.3 金融科技的"五全特征"

随着移动互联、大数据、云计算、人工智能等技术进入快速发展阶段，量子通信、生物技术等前沿技术打开了想象空间，第四次科技革命已然来临。继蒸汽时代、电气时代、信息时代后，人类开始进入智能时代。无论我们情愿与否，科技革命将以几何量级从根本上提高生产力，进而重构生产方式和商业模式。

为什么以"大智移云"为代表的现代科技会有如此强大的颠覆性？这是因为其具有全时空、全流程、全场景、全解析和全价值的"五全特征"。所谓

"全时空",就是指打破时间和空间障碍,从天到地、从地上到水下、从国内到国际可以瞬间连成一体,信息每天 24 小时不停地流动;所谓"全流程",就是指关系到人类所有生产、生活流程的每一个节点,所谓"全场景"是指跨越行业界别,把人类所有行为场景全部打通;所谓"全解析",就是指通过收集和分析人类所有行为信息,产生异于传统的全新认知、全新行为和全新价值;所谓"全价值",就是指打破单个价值体系的封闭性,穿透所有价值体系,并整合与创建出前所未有的、巨大的价值链。

正是因为上述"五全特征",现代科技极致性地提升了互联网"对社会公众的聚合与整合"能力,极大地提升了社会公众个性化需求的识别能力,极大地提升了互联网商业价值和资本价值的增值能力,对传统经济领域构成更加深刻的影响。

4.4.4 金融科技的风险

我们不能仅仅看到金融科技给传统金融带来的颠覆性创新,更应该看到其带来的风险挑战。从整体上看,"五全技术"与金融领域结合,会提高金融服务系统的安全性,这个是毋庸置疑的。但是,科技基因的加入,并没有改变金融的信用本质。金融的本质是一种跨期的资源优化配置机制,是在时间轴上配置资金和经济价值,在现在和未来之间寻找平衡,既然涉及未来就会有风险,因此分散和管理风险永远是金融的主题。科技归根结底还是为了提高金融分散和管理风险的能力与效率,提高为客户提供金融服务的能力。

金融科技是利用科技手段来改善金融功能、提高金融效率的一种"嫁接"产物,是在金融的本体上,注入科技的 DNA,改变了金融的商业模式,拓展了金融服务的边界,但是没有改变其本质和核心功能。互联网、大数据等技术的发展可以减少信息不对称,但是却无法解决信用风险问题,因为信用风险本质上是人性的问题。因此,金融科技也将面临和传统金融一样的流动性风险、信用风险、市场风险、操作风险和法律风险等。

除此之外，科技本身的一些属性，使得金融科技相对于传统金融增加了一些新的风险问题，主要包括技术风险、政策风险、伦理风险等。狭义的金融科技伦理风险是指金融机构及相关从业人员利用自身的信息优势，违背伦理道德，导致客户受到损失的可能性。典型的狭义金融科技伦理风险如大数据杀熟、泄露个人隐私等。广义的金融科技伦理风险是一切金融科技参与者因科技伦理而遭到损失的可能性，如金融科技的发展导致金融从业人员个人价值降低，甚至大规模失业。

金融科技风险具有隐蔽性强、专业性强、监管难度大的特点，即"平时看不见，偶尔露真容；一旦出风险，损失难计数"。正如霍金所说："对于人类来说，强大人工智能的出现可能是最美妙的事，也可能是最糟糕的事，我们真的不知道结局会怎样。"但是，从根本上看，科技与人不是非此即彼的替代关系，科技赋予人力量，人赋予科技温度。当科技的力量与人的温度发生化学反应，才能催生最佳的客户体验。金融科技的影响取决于人们如何利用它，专业认知和数字化能力可以帮助金融从业人员更懂客户，移动互联技术可以让人的专业服务跨越物理空间，渗透到客户习以为常的场景中，提供全流程的金融服务。

本章小结

　　金融机构，又称金融中介，是指经营货币、信用业务，从事各种金融活动的组织。金融机构种类繁多、千差万别，形成一个庞大的体系。但是无论什么样的金融机构，本质上都是承担和经营风险的企业。可以按照不同的标准对金融机构进行分类，在金融实践中通常采用的分类方法有"二分法"和"三分法"："二分法"将金融机构分为存款性金融机构和非存款性金融机构；"三分法"将金融机构分为银行业金融机构、证券业金融机构和保险业金融机构。

　　商业银行是最主要的存款性金融机构，也是和我们生活联系最紧密的金融机构。传统意义上的商业银行，主要靠吸收存款获得资金，以贷款为主要资产，以利息收入为主要利润来源，并通过提供支付结算服务赚取手续费收入。随着金融科技的发展，现代商业银行正在将自己打造成一个大财富管理平台，将资金供给端和融资需求端更有效地连接起来。

存款保险制度是一种对存款人利益提供保护、稳定金融体系的制度安排。在这一制度安排下，吸收存款的金融机构根据其吸收存款的数额，按照规定的保费率向存款保险机构投保，当存款机构破产且无法满足存款人的提款要求时，由存款保险机构承担支付法定保险金的责任。我国自2015年5月1日起正式实施存款保险制度，在包商银行破产清算过程中，存款保险制度发挥了重要作用。

金融市场属于要素市场，在这个市场上集中和交易各种金融产品，进行资金融通。由于资本作为一种生产要素的特殊性，通过在金融市场上对金融资产的交易，最终可以帮助实现社会实物资源的配置。金融市场可以按照不同标准进行分类，其中最常见的一种分类方法，是按照在金融市场上交易的金融产品的期限将金融市场分为货币市场和资本市场。狭义的资本市场是指股票市场和债券市场。

债券是债务人发行的承诺按一定的期限和利率水平支付利息并按约定期限偿还本金的、证明持有人和发行人之间债权债务关系的法律凭证。债券可以理解为固定面值和标准化格式的欠条，它确定债券发行人和债券投资人之间的债务债权关系。股票是股份有限公司在筹集资金时向出资人发行的股份凭证，它代表着持有者（即股东）对股份公司的所有权。股票最突出的特征就是不返还性。

金融科技是技术驱动的金融创新，旨在运用现代科技成果改造或创新金融产品、经营模式、业务流程等，推动金融发展提质增效。金融科技是科技和金融"嫁接"的产物，是在金融的本体上，注入科技的DNA，改变了金融的商业模式，拓展了金融服务的边界，但是没有改变其本质和核心功能。金融科技也将面临和传统金融一样的风险，并且由于其科技属性，增加了新的风险，如技术风险和伦理风险。

问题讨论

1. 对金融机构的分类有各种标准,试分门别类地列举我国的金融机构体系构成。

2. 一个金融机构是不是商业银行,其判断的基本标准是什么?

3. 什么是存款保险制度?请留意身边的商业银行网点,是不是有存款保险的标志。

4. 试比较股票和债券。

5. 霍金说:"对于人类来说,强大人工智能的出现可能是最美妙的事,也可能是最糟糕的事,我们真的不知道结局会怎样。"对于金融科技,你怎样看待其发展前景?

第 5 章
投向未来的风险投资

许多企业乃是死于消化不良而非饥饿。

——戴维·帕卡德

思维导图

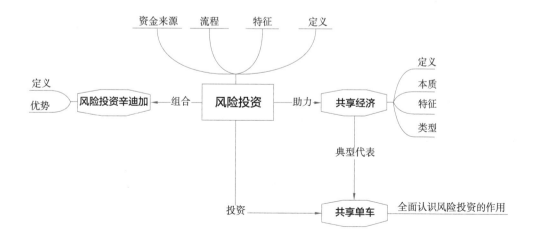

导入故事：明日黄花——ofo小黄车[①]

2018年5月8日，位于成都市武侯区学府二段的一处拆迁厂内，堆积如山的小黄车被碾压成废铁，等待废品厂以每辆15元的价格回收运走。10月22日，ofo小黄车运营主体东峡大通（北京）管理咨询有限公司的法人代表，悄然由戴威变更为陈正江，官方给出的解释为"为简化办公流程、提升工作效率"。12月4日，法院对东峡大通（北京）管理咨询有限公司作出了"限制消费令"，这意味着戴威不能乘坐飞机、列车软卧、轮船二等以上舱位；不能在星级以上宾馆、酒店、夜总会，高尔夫球场等场所消费；不能购买不动产或新建、扩建、高档装修房屋……与此同时，大量北京市民开始自发组队去ofo小黄车总部——互联网金融中心大楼——办理退押金手续。北风呼啸，裹着厚重外套的退押金"长龙"缓缓移动着，远远望去，平添萧索。此时，距离戴威及其团队踌躇满志地掀开创业篇章，也不过短短四年的光景……

2014年12月1日，ofo小黄车从唯猎资本的校友投资人处获得150万元天使轮融资，开始创业，创造性地推出了"无桩共享单车"模式。该模式利用移动互联网和智能手机，打破公共单车需要"停车桩"的思维枷锁，让共享自行车真正具备了随时随地的便利性，也让公共自行车这一概念重新焕发活力。自2016年起，以ofo小黄车和摩拜单车为代表的共享单车项目成为资本市场上最引人瞩目的存在：在短短6个月内，ofo小黄车完成了四轮融资。在资本的驱动下，ofo小黄车走出校园、走向城市，又借势走出中国、走向世界，在极短的时间里实现了快速扩张。在那些梦幻般的日子里，作为"中国新四大发明"的代表，ofo小黄车攻城略地、一路高歌，"让世界没有陌生的角落"。

2017年1月11日，ofo小黄车发布"2017城市战略"，计划覆盖全国33个城市；5月3日，ofo小黄车宣布正式进入第100座城市——拉萨，成为全球覆盖城市最多的共享单车出行平台；9月26日，ofo小黄车发布更好骑的共享单车"ofo小

[①] 由陈岩和刘彤编写的教学案例：《ofo小黄车：从如日中天到明日黄花》，详见本书附录。

黄蜂",行业首次采用跑鞋胎。同时,全球领先的共享出行大数据平台——ofo"奇点"大数据系统也首次公开亮相;10月20日,ofo小黄车宣布日订单突破3 200万,相比上年同期,ofo小黄车日订单量增长远超31倍,是共享单车行业增速最快的平台;11月8日,ofo小黄车创始人兼CEO戴威出席APEC(亚太经济合作组织),表示未来希望为20亿人提供服务;12月7日,ofo小黄车宣布入驻法国首都巴黎,这是ofo小黄车进驻的第20个国家。

2018年夏天以后,ofo小黄车开始进行大规模裁员,公司总部从鼎盛时的3 400人裁至400余人。同年11月,公司总部搬离理想国际大厦,离开这个见证ofo的辉煌、承载了无数员工梦想的地方,回到了互联网金融中心大楼。2018年末,ofo小黄车多个城市的运营站点已人去楼空,全国各地也普遍掀起"退押金"的浪潮。

苍狗白云常变更。短短3年时间,这位年轻的创业者和他的ofo小黄车,被强大的资本力量推动着,以无与伦比的速度攀上巅峰,又以始料未及的速度跌落下来,成为明日黄花,只留下一段好故事……

5.1 共享经济的本质和特征

现在智能手机已经成为我们的一个"器官",不仅仅是年轻人,连大爷大妈都一刻也离不了了。当移动互联网技术发展成熟之后,我们进入所谓的"数字化生存"时代。互联网的本质是共享,通过供应者与需求者直接的连接,形成信息的共享、知识的共享和智慧的共享。在信息共享的基础上,自然而然,形成了一种新的经济形态——共享经济。

5.1.1 什么是产权

根据美国经济学家阿尔钦的权威定义,产权(property rights)是由社会强制执行的对资源的多种用途进行选择的权利。[①] 根据第1章讲过的经济学基本假设,资

---

① 具体的定义见《新帕尔格雷夫经济学大词典》。

源一定是稀缺的，那么这个稀缺的资源应该为谁所有，又为谁所用？明确对资源的多种用途进行选择的权利，就是产权界定要解决的问题。

理解产权概念有三个要点：①根据权利的归属，可以把产权分为私有产权、公共产权和国有产权，属于个人的产权即为私有产权。②产权具有可分割、可转让的属性。根据定义，产权是"对资源的多种用途进行选择的权利"，显然不是指一种权利，而是一系列的权利。根据张五常的界定，产权主要包括这样几种权利：使用权、转让权，以及收入享用权。拥有这些权利的个人或者集体，是可以把其中的部分或者全部权利转让给别人的，这就是产权可分割、可转让的属性。③产权不是指人与物之间的关系，而是指由于物的存在而引起的人与人之间的行为关系。也就是说，法律界定了人对物的权利，明确的实际上是人与人之间的关系。

5.1.2 什么是共享经济

在理解了产权的概念之后，我们就可以引入共享经济的概念了。共享经济主要是指利用网络信息技术、通过互联网平台将分散资源进行优化配置、提高资源利用效率的一种新型经济形态，正在加快驱动资产权属、生产组织、服务供给、就业模式和消费方式的变革，代表着当前和今后一个时期新的发展方向。①

我们把刚才讲到的产权的概念糅进来，产权有两个属性：可分割、可转让。显然，共享经济就是把对资源的一系列权利分割了，物品的收入享用权属于一个人，但是使用权转让给了另一个人。也就是说，一件物品可以"不为我所有，但为我所用"。如果一件物品只有拥有它的人才能使用，就会造成巨大的资源浪费，而这种资源浪费的发展方式是不可持续的。共享经济体现了绿色环保可循环利用的理念，认为使用权比所有权更加重要。

共享经济是人类社会发展到一定阶段才出现的产物。只有互联网信息技术发展成熟之后，才可以把供给和需求集中到同一个互联网平台上，让双方重新匹配；也

---

① 引自国家发展和改革委员会 2017 年 2 月 28 日《分享经济发展指南》（征求意见稿）。

只有通过物联网技术,才能实现对共享物品进行跟踪定位,从而规避可能出现的道德风险。作为一种新的经济形态,共享经济的本质就是对物品的产权进行分割和转让,然后通过互联网平台将分散的供给和需求集中起来进行配置,从而提高资源的利用效率。

5.1.3 共享经济的特征

共享经济有这样几个特征:第一个特征就是一定要有很多人去参与,以 ofo 小黄车为例,戴威最开始创业的时候是在北大校园里,把北大学生私人的自行车共享。显然,必须有足够多的学生愿意把自己的自行车分享给别人,同时也有足够多的学生愿意骑别人的自行车,这个商业模式才能成立。第二个特征是相互信任,显然信任是共享经济发展的基础,只有信任别人,才可能把自己的单车共享给别人使用。那么怎么才能实现人和人之间的互相信任呢?一定要有一个监督机制,而互联网信息技术的发展为监督机制提供了技术保障,所以共享经济的第三个特征就是以互联网信息技术为支持。

5.1.4 共享经济的主要类型

不仅仅单车可以共享,按照共享的对象是什么,共享经济可以分为产品共享、空间共享、知识技能共享等。在我们的生活中,常见的产品分享有共享汽车、共享充电宝、共享乐高玩具等,甚至连服装都可以共享,如婚礼的礼服。空间共享最著名的就是爱彼迎(Airbnb),把自己暂时不住的房子分享给别人做短租,除此之外还有共享办公室、共享停车位等。大家非常熟悉的知乎,就是在共享知识、共享智慧。

除了按照分享对象来进行分类之外,还可以按照用户的需求分为共享出行、共享住宿、共享吃饭、共享生产等。以共享出行为例,大家都特别熟悉的滴滴出行,还有刚才讲到的 ofo 小黄车,都是共享出行的代表。

共享经济的主要类型如图 5-1 所示。

图 5-1　共享经济的主要类型

5.2　风险投资的概念和流程

在 ofo 小黄车、摩拜单车等共享单车创业企业的发展历程中，风险投资发挥了极其重要的作用，甚至完全操控了共享单车市场的竞争格局。这一节我们就来认识一下什么是风险投资以及其主要流程和模式。

5.2.1　什么是风险投资

风险投资（venture capital，VC）发源于美国，venture 作为名词是指"有风险的企业、商业、投机活动、经营项目"，因此从字面意义来看，venture capital 是对有风险的企业和项目进行投资的资本，又被称为创业投资。其严格的定义是：风险投资是对创业企业尤其是高新技术创业企业提供资本支持，并通过资本经营服务对所投企业进行培育和辅导，在企业发育到相对成熟后即退出投资，以实现自身资本增值的一种权益资本。以高风险和高收益的创业企业为投资对象的风险投资，不仅是一种金融投资模式，还是一种甄别企业家精神的社会制度。

风险投资是私募股权投资（private equity，PE）的一种，专注于投资创业企业。

那么私募股权投资又是什么呢？简单地说，广义的私募股权投资就是指对未上市公司进行权益投资，获得其一定比例的股份，推动公司发展、上市，此后通过转让股权获利。风险投资属于广义的私募股权投资，其中专注于投资初创期（种子期）企业的风险投资，又被称为天使投资（angel investment）。狭义的私募股权投资，仅仅指对成熟期的未上市企业进行权益投资。天使投资、风险投资、狭义和广义的私募股权投资的区别如图 5-2 所示。

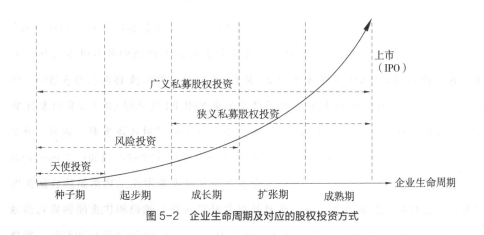

图 5-2　企业生命周期及对应的股权投资方式

风险投资具有以下四个主要特征：①投资对象是新建企业尤其是高新技术创业企业，投资领域主要集中于高科技、新产品领域。②有明显的运动周期，风险投资总是伴随着一项新产品或一个新企业的产生和发展而运动的，它依次经历投入、回收和撤出三个阶段。③风险投资是一种长期股权投资，最终目的是获利了结。④在风险投资过程中，风险投资机构可以提供增值服务，参与企业管理，辅导企业经营，促进被投企业成长。

以投资 ofo 小黄车的风险投资公司——金沙江创投为例。朱啸虎是金沙江创投的创始人，他在北大校园里闲溜达的时候无意中看到了共享单车模式，那个时候戴威仅仅是在北大校园里将学生的单车进行共享。朱啸虎认为无桩共享单车的商业模式非常好，就主动打电话给戴威，一投就是 1 000 万元。这就是一个典型的风险投资，风险投资人看中了创业企业的商业模式,或者是创业团队,就会进行股权投资,作为股东持续参与企业的经营活动。如果投资成功,就会获得数倍、数十倍甚至上百倍的投资回报;当然,如果投资失败,投资人的钱就打水漂了。对于年轻的创业企业来说,寻求风险投资最大的优点是不需要还本付息,可以放心地放手一搏,用别人的钱实现自己的创业理想。

5.2.2 风险投资的投资流程

一般而言,每一家风险投资公司都有聚焦的行业和领域,进行深度调研,积累社会资本和投资经验。几乎没有风险投资公司什么领域、什么项目都投,因为人员和知识、经验都有限。优秀的风险投资人在长期的投资实践中,形成了自己鲜明的投资风格。由于风险投资是一个高度依赖个人能力和经验的行业,所以不能像一般的企业那样采用"职业经理人"管理方式,而是要采用"合伙人"制度。

还是以金沙江创投的朱啸虎为例。金沙江创投之所以投 ofo 小黄车不投摩拜单车,是因为朱啸虎认为共享单车企业本质就是一个互联网平台,关键是要链接更多的用户,产生更大的流量,所以必须是轻资产的,也就是说单车的成本越低越好。而摩拜一开始就是用制造业的思路在做共享单车,第一代摩拜单车的成本是 2 000 元左右。这种重资产的商业模式在朱啸虎看来是行不通的,所以他曾公开质疑摩拜单车的经营模式有问题。但是后来故事情节发生了戏剧性的变化,2017 年,朱啸虎就开始和滴滴出行一起力主 ofo 小黄车和摩拜单车合并,被戴威拒绝之后,在 2017 年年底,朱啸虎把持有的 ofo 小黄车的股份全部转让给了滴滴出行和阿里巴巴,清盘退出了。

风险投资公司的投资是有固定的流程的。第一步是筛选项目,风险投资人通常会先看创业企业的商业计划书以便决定是否需要与创业者面谈。如果商业计划书顺利地通过,风险投资人会约创业者面谈(也有先面谈再看商业计划书的情况),进行详细、深入的交流;第二步是内部会议,如果风险投资人被项目打动,会在公司定期举行的项目评估会上推荐这个项目,供大家进行讨论;第三步是尽职调查,如果项目在会议上被大家看好,公司有投资的意向,接下来就会对创业企业进行尽职调查;第四步是签订投资意向书,如果通过了尽职调查,风险投资公司会与创业企业签订投资意向书;第五步是投资委员会表决,投资意向书并不是最终的投资协议,风险投资公司在进一步深入、详细的尽职调查后,会提交投资决策委员会,进行最后的表决,通过投资委员会的表决之后,才会签订正式的法律文件,并按照约定付款;第六步是投后管理,根据合同约定适度参与被投公司的经营管理,并提供一些力所能及的投后增值服务;第七步是资本退出,在合适的时机,风险投资公司会出售持有的被投企业的股份,清盘退出(图5-3)。

图 5-3 风险投资的投资流程

5.2.3 风险资本的退出方式

一般而言,风险资本有四种退出方式:第一种方式是创业企业上市,把持有的股份在股票市场上转让出去。以瑞幸咖啡为例,瑞幸咖啡于 2019 年 4 月在美国纳斯达克市场上市,瑞幸咖啡的风险投资方就可以把持有的股票在市场上卖出去,获利了结。我们都知道,瑞幸咖啡最后因为财务造假退市了,但是风险投资方的资金应该已经安然退出,损失的是股东的钱。所以有些完全没有社会责任的风险投资公司,会投资一些弄虚作假的公司,和创业企业一起编故事,然后把企业弄上市,一起忽悠股民。第二种方式就是通过兼并收购,把创业企业的股份卖给新进入的大股东。典型的例子就是美团并购摩拜,2018 年 4 月 3 日深夜,摩拜股东会通过美团收购方案,美团以 27 亿美元作价收购摩拜,包括 65% 的现金和 35% 的美团股票,此外承担摩拜单车全部债务。摩拜创始人和早期风险投资人全身而退,斩获颇丰。第三种方式就是股份转让,刚才讲到的朱啸虎将持有的 ofo 小黄车的股份转让给滴滴和阿里,就是股份转让。第四种方式是风险投资人最不想看到的一种方式,就是投资的项目彻头彻尾地失败了,那就只能承认失败,然后进行亏损的确认和资产注销。

5.3 风险投资基金和风险投资辛迪加

如上所述,风险投资是专门投资高潜力、高增长的创业企业,以资本换取被投企业的股份,然后通过被投企业上市出售股份或者把持有的股份进行转让等方式,以股权增值变现实现投资收益。那么风险投资的资金来自哪里?又是怎么运作的呢?风险投资的资金来源主要有三类:一是富裕的个人,其主要的投资目的是获得高额回报或实现创业支持情怀,天使投资人多属于这一类。前面讲过,天使投资属于早期的风险投资。二是设立专业的风险投资基金,向投资人募集资金,其主要的投资目的是获取高额回报。三是大公司资本,其主要的投资目的是获得战略层面的业务合作或者获取高额回报。其中,设立风险投资基金募集资金,是风险投资最重要的资金来源。

5.3.1 风险投资基金

就像创业者为自己的公司找钱一样,风险投资公司也需要向投资人募集资金,然后成立风险投资基金,才能对外投资。所谓的风险投资基金,实际上就是一种专门投向未上市创业企业的投资基金,与普通投资基金的区别就在于投资对象不同。那么什么是投资基金呢?投资基金(investment funds)是一种利益共享、风险共担的集合投资制度。投资基金一般由发起人发起设立,向投资人募集资金,然后由专门的基金管理人进行投资运作。基金的投资人不参与基金的管理和操作,只定期获得投资收益。投资基金的运营机构是基金管理公司,在生活中,往往将"投资基金"和"投资基金管理公司"混称。

根据中国证券投资基金业协会的规定,风险投资基金需要在协会备案,然后由风险投资公司作为基金管理人。绝大多数的风险投资基金都是采取有限合伙制[①],

---

[①] 有限合伙制度是合伙制度的一种。所谓"合伙制度",是由两个或者两个以上出资人共同出资、合伙经营、共享收益、共担风险,并对企业债务承担无限连带责任的经营制度。而有限合伙制,是指由普通合伙人(承担无限责任)和有限合伙人(承担有限责任)共同组成的合伙组织。

出资人是有限合伙人（limited partner，LP），风险投资公司是普通合伙人（general partner，GP）。风险投资基金的出资人不参与投资决策，以便基金管理人能够独立地、不受干扰地进行投资。有限合伙制风险投资基金的组织形式如图 5-4 所示。

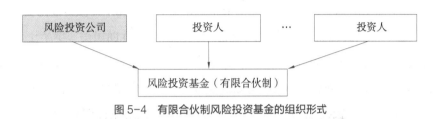

图 5-4　有限合伙制风险投资基金的组织形式

5.3.2　风险投资辛迪加

辛迪加（法文：le syndicat）是一个法语词，原意就是组合。那么顾名思义，风险投资辛迪加就是风险投资的一个组合。严谨地定义，风险投资辛迪加是指两个或者更多的风险投资机构在同一轮同时投资同一家企业。理解这个概念需要把握三个要点：第一是必须两个及以上（大于等于 2）风险投资的机构；第二是必须在同一轮；第三是投资同一家企业。什么叫同一轮？对一个企业进行投资，不是一蹴而就的事情，而是一个持续的过程，我们把这个过程按时间先后分为不同的轮次，用 ABCDE 排序。简单地说，风险投资辛迪加就是风险投资机构抱团取暖，集中兵力在同一轮次砸向同一个企业。

我们以摩拜单车和 ofo 小黄车为例，具体地分析风险投资辛迪加。摩拜单车的风险投资明细如表 5-1 所示。天使轮是来自蔚来汽车的创始人李斌，投资了 146 万元人民币。风险投资的 A 轮是愉悦资本，投资了 300 万美元。B 轮的时候，除了愉悦资本以外，还有熊猫资本、创新工场，这就是一个风险投资辛迪加了。

2016 年的 C 轮和 C+ 轮投资的时候，高瓴资本、红杉资本入场了，它们都是大名鼎鼎的头部风险投资公司。还有腾讯公司，作为战略投资者进入摩拜的风险投资人行列。这里面还有一个插曲，滴滴出行投了 ofo 小黄车，而滴滴出行的大股东是腾讯。由于摩拜和 ofo 小黄车是直接竞争对手，根据投资协议投资了摩拜就不能投

表 5–1　摩拜单车的风险投资明细

时　间	轮次	金　额	投　资　方
2015 年 3 月	天使轮	146 万元人民币	蔚来汽车创始人李斌
2015 年 10 月	A 轮	300 万美元	愉悦资本
2016 年 8 月	B 轮	数千万美元	熊猫资本、愉悦资本、创新工场
2016 年 8 月	B+ 轮	数千万美元	祥峰投资、创新工场
2016 年 9 月	C 轮	超过 1 亿美元	华平投资、高瓴资本
2016 年 10 月	C+ 轮	5 500 万美元	腾讯、美团王兴、红杉资本
2017 年 1 月	D 轮	2.15 亿美元	腾讯、华平投资、携程等
2017 年 2 月	D+ 轮	超过 3 亿美元	淡马锡、高瓴资本、富士康
2017 年 6 月	E 轮	超过 6 亿美元	腾讯、交银国际、中银国际等

资它的竞争对手 ofo 小黄车，反之亦然。

ofo 小黄车的风险投资明细（表 5–2），比起摩拜来是有过之而无不及。最早的天使轮我们前面已经谈到了，来自北大的师兄唯猎资本的 150 万人民币。在 A 轮之前有一轮预投资，是由唯猎资本和弘道资本投资的，A 轮的时候金沙江创投（朱啸虎）就加入了。从 Pre-A 轮开始，后面的风险投资基本上都是以辛迪加的方式完成的。2016 年 10 月的 C 轮融资非常重要，不仅体现为金额大（1.3 亿美元），而且一个很重要的投资人——滴滴出行出现了。滴滴出行从 2016 年 10 月开始正式入股 ofo 小黄车，然后持续地跟投，在滴滴出行和 ofo 小黄车交恶之前，已经是 ofo 小黄车最大的股东，占有 30% 的股份。

表 5–2　ofo 小黄车的风险投资明细

时　间	轮次	金　额	投　资　方
2014 年 12 月	天使轮	150 万元人民币	唯猎资本
2015 年 10 月	Pre-A 轮	900 万元人民币	唯猎资本、弘道资本
2016 年 2 月	A 轮	1 500 万元人民币	金沙江创投、弘道资本
2016 年 4 月	A+ 轮	1 000 万元人民币	天使投资人王刚、真格基金
2016 年 9 月	B 轮	千万美元	经纬中国领投、金沙江创投、唯猎资本跟投

续表

时间	轮次	金额	投资方
2016年10月	C轮	1.3亿美元	滴滴出行、Coatue Management、小米科技、顺为资本、中信产业基金领投、元璟资本、DST Global（Yuri Milner）、滴滴出行、经纬中国、金沙江创投等老投资方跟投
2017年3月	D轮	4.5亿美元	DST Global领投、滴滴出行、中信产业基金、经纬中国、Coatue Management、Atomico、华夏润石多家国内外机构跟投
2017年4月	战略融资	未披露	蚂蚁金服
2017年7月	E轮	超7亿美元	阿里巴巴（NYSE：BABA）、弘毅投资、中信产业基金领投、滴滴出行、DST Global跟投
2018年3月	E+轮	8.66亿美元（股权与债权并行）	阿里巴巴领投、灏峰集团、天合资本、蚂蚁金服、君理资本跟投

资料来源：天眼查

5.3.3 风险投资辛迪加的优势

从理论上讲，风险投资辛迪加的优势体现为两个方面：①能够更好地提升公司市场价值。采用辛迪加模式可以将不同的风险投资机构聚集在一起，这些机构具有不同的专业技能、信息来源、关系网络，能够为创业企业提供更加丰富的资源支持和增值服务。一般而言，风险投资机构能够提供的增值服务包括帮助创业企业进行市场拓展、提升公司品牌、物色高管团队、规范公司的财务管理等。很难有一家风险投资机构具有全部的优势，有些风险投资机构更善于发现市场机会，有些风险投资机构有更为丰富的社会网络资源。而风险投资辛迪加可以把众多风险投资机构的优势聚集起来，所以，与单独的风险投资相比，辛迪加模式能够更好地提升公司市场价值。②能够增加风险投资成功退出的概率。由于在资本市场上，公司内部人士和外部投资者的信息是不对称的，因此多个不同的风险投资机构同时投资同一家企业，这个行为本身就向资本市场传递了有利的信号，能够提升被投企业的市场估值，而市场估值的提升增加了风险投资成功退出的概率。

在实践中，大部分的风险投资辛迪加往往是出于风险投资机构的"跟风"行为。

2016年、2017年大量的风险投资机构主动找到摩拜单车或者ofo小黄车，要求投资，是一个典型的"跟风"型风险投资辛迪加。这是因为大部分的风险投资公司没有专业的投资团队和独立发掘投资机会的能力，更多的是跟风那些头部的风险投资机构，别人投什么它就投什么。对二流的风险投资机构来说，跟投是理性的行为，一来头部的风险投资公司的眼光通常是值得信赖的；二来大量的资金同时涌入一家企业，就会导致这家企业成长的速度大大地加快，这些风险投资资金就可以快速离场，增加成功退出的概率。

5.4 共享单车，骑向何方

在风险投资辛迪加模式的助推下，ofo小黄车和它的主要竞争对手摩拜单车，以惊人的速度成长为独角兽企业，估值从几千万美元迅速飙升到了10亿美元以上。其融资速度、资本参与度、业务扩张速度都创造了神话。风险投资圈被迅速分成了两个阵营：腾讯、愉悦、红杉、华平、高瓴等站在了摩拜一边，而阿里巴巴、滴滴出行、蚂蚁金服、经纬、金沙江等站在了ofo小黄车一边。在资本的驱动下，两家年轻的创业企业靠"烧钱"补贴抢占市场份额，展开了激烈的竞争。

5.4.1 插上翅膀的共享单车

2015—2017年，共享单车是风险投资追逐的热点，风光一时无两。图5-5是2015—2017年风险投资投向共享单车行业的资金金额，我们可以看到仅2017年，各个风险投资机构就向共享单车行业投了153亿元。那么这些钱都去哪里了？图5-6显示了绝大部分的资金流向摩拜单车和ofo小黄车。阿里巴巴旗下用支付宝来扫码的永安行，和后来被滴滴出行并购的小蓝单车，相对来说获得的风险投资也比较多。这么多钱潮水一样涌入共享单车行业会导致什么结果呢？估计在北京生活的很多人都对那一段魔幻般的日子记忆犹新：满大街都是五颜六色的共享单车，赤橙黄绿蓝，挤占了人行道，甚至堵塞了机动车道。烧掉了那么多钱，最后除一两个胜出者之外，其他的单车都销声匿迹了。

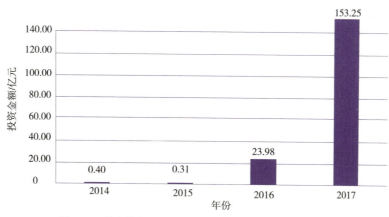

图 5-5　共享单车行业的风险投资金额（2014—2017 年）
资料来源：段新生，林丹. 从共享单车融资状况看风险投资家的"非理性"投资 [J]. 会计之友，2017（24）:7-12.

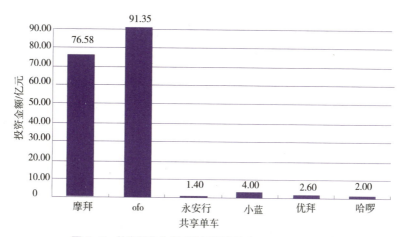

图 5-6　共享单车企业风险投资情况（2014—2017 年）
资料来源：段新生，林丹. 从共享单车融资状况看风险投资家的"非理性"投资 [J]. 会计之友，2017（24）:7-12.

然后我们看风险投资辛迪加给这两家年轻的创业企业带来了什么。以 ofo 小黄车为例，在短时间获得了"花不完的钱"之后，就仿佛是单车插上了翅膀。2017 年 1 月 11 日，ofo 小黄车发布"2017 城市战略"，计划覆盖全国 33 个城市。结果 5 月 3 日，ofo 就宣布正式进入第 100 座城市——拉萨，成为全球覆盖城市最多的共享单车出行平台,其实际的发展速度远远超过了开始的规划。

　　胜利来得太快太猛烈了,显然让这个创业公司的年轻CEO忘乎所以了。2016年10月底,ofo小黄车将总部从临近北京大学的酒店式公寓立方庭搬到了北京中关村互联网金融中心大楼。仅仅两个月后,又搬至理想国际大厦,这里可俯瞰北京大学,也是众多知名互联网企业云集地。此外,当时ofo小黄车很多部门花钱如流水,极为铺张。例如为员工购置价值2 000元的升降桌、通过猎头公司高薪聘请公司前台、为创始人团队购置多辆豪车……2017年4月,ofo小黄车甚至花费千万聘请鹿晗担任代言人。接着,ofo小黄车又斥2 000万元巨资冠名了一颗卫星。

　　2017年初,摩拜单车和ofo小黄车的烧钱大战到了白热化的程度,其背后实际上是风险投资机构的血拼,资本嗜血的一面再次展现得淋漓尽致。各路"吃瓜群众"在朋友圈里分享着摩拜单车和ofo小黄车"不要钱""骑车就送红包"的消息,饶有趣味地看着摩拜单车和ofo小黄车的免费大战,依稀回忆起当年"滴滴"和"快的"的烧钱大战。2017年秋天,ofo小黄车的日订单突破3 200万单,打破了整个行业有史以来的最高纪录,走到了一个"巅峰"。然而这个"巅峰",却是靠"一元月卡"和"红包车"两项极度烧钱的活动造就的。据《财经》报道,2017年3—7月,ofo对自行车的采购达到疯狂的地步。当时每个月采购量约为300万~400万辆,总计采购1 600万辆单车,实际履行约1 200万辆。那时ofo自行车单均成本360元人民币,机械锁约20元,运输物流约15元,合计近400元。换智能锁再加200元,合计接近600元。五个月总采购量1 200万辆,乘以600元单辆车平均成本,这五个月的采购应付金额为72亿元人民币。

5.4.2　共享单车的商业模式成立吗

　　一直以来,共享单车都是被风险投资推动着往前走,如果没有资本驱动,共享单车本身的商业模式能成立吗? 2018年5月,为了实现自身盈利计划,ofo小黄车在找寻自我造血方式的道路上艰难前行:首先将车身变成广告牌,随后在自家App上也推出了广告区域,试图在骑行租金之外实现收入多元化。北京、上海出台相关政策禁止共享单车企业在车身设置商业广告，对此，ofo 小黄车则回应称，"一直以来执行相关政府的政策要求，从未在政府政策明令禁止区域售卖。车身广告属于公司正常的为实现盈利开展的业务探索。"无论如何，此举并未给 ofo 小黄车的盈利状况带来实质性变化，"广告创收"可谓收效甚微。

2018 年 6 月，ofo 小黄车在全国所有城市的信用免押被全部取消，而这无疑与此前戴威声称的将在更多城市推出免押金计划的承诺背道而驰。尤其值得注意的是，此时摩拜单车已被美团收购，并开始扩大免押金模式的试点范围。此外，摩拜方面还称该免押金模式无芝麻信用限制，新老用户都无须交付押金，已交押金则可退还。与此同时，背靠阿里巴巴的哈啰单车与滴滴出行自有的青桔单车也开始在全国范围内推行免押金活动。而这对尚在生死线上苦苦挣扎的 ofo 小黄车来说，无疑又是一个极大的打击。

2018 年末，ofo 小黄车多个城市的运营站点已人去楼空，全国各地也普遍掀起"退押金"的浪潮。一波未平，一波又起。"退押金"风波发生后，ofo 小黄车又因涉嫌押金绑定网贷平台，再次引发市场关注。据报道，ofo 小黄车用户进行退押金操作时，必须先同意升级成为网贷平台 PPmoney 的用户。此时，用户押金从 99 元升级为 100 元 PPmoney 特定资产，依旧不可以直接提现。若想提现，则需缴纳最低 3 元的手续费，这就意味着用户的押金在提现过程中变成了 97 元。这一系列的转换操作令 ofo 小黄车被质疑"倒卖用户隐私"，招致一片骂声。至此，ofo 小黄车的公众形象跌至冰点。

实践证明，如果仅仅靠骑行租金收入，共享单车的盈利模式很难成立。其主要原因是无可避免的道德风险导致的单车损毁，以及为了降低道德风险而增加的相关设备和采取的维护措施，极大地增加了共享单车企业的经营成本。如果通过收取押金的模式来盈利，又会导致很多争议，面临法律风险和声誉风险。如果给 ofo 小黄车足够的时间试错和反思，这些年轻的创业者也许能够把共享单车骑上一条稳健的大道，戴威在 2016 年拿到 1.3 亿美元 C 轮融资后意气风发地宣誓："终有一天，我们 ofo 会和 Google 一样，影响世界。"也许真的能够实现。只是，风险投资改变了创业企业的成长轨迹，也改变了创业者的初心。

5.4.3　全面客观地认识风险投资的作用

2017年冬天，资本的大潮开始退去，整个共享单车市场行情每况愈下。酷骑单车、小鸣单车、小蓝单车等共享单车企业相继黯然离场。倒闭的共享单车公司中，大多出现了资金紧张、欠薪、用户押金难退的情况，而被曝光出挪用用户押金而突然解散公司的也不在少数。在"倒闭大潮"席卷整个行业之时，ofo小黄车的经营状况也不甚乐观：关于公司的负面消息越来越多，各大新闻媒体开始报道大量小黄车占用公共道路，破坏城市环境，且众多小黄车处于无法使用或报废状态，而居高不下的损毁率无疑加大了ofo小黄车的运营成本。雪上加霜的是，ofo小黄车的资金链在这一时期也濒临断裂。据媒体报道，彼时的ofo小黄车虽然对外宣称即将实现年底登陆20国的宏伟目标，但实际上，公司已经出现资金紧张的状况。

早在2017年7月，摩拜单车和ofo小黄车的投资人就开始意识到彼此很难打败对方，所以转而力推两家合并。然而拥有一票否决权的戴威对此却表现出极大的抵触以及强烈的反对，坚持ofo小黄车独立发展："非常感谢资本，资本助力了企业的快速发展，但是资本也要理解创业者的理想和决心。"在抛出这句隔空喊话后，滴滴出行派驻到ofo小黄车担任高管的人全部撤离了。拒绝了与摩拜单车合并，不仅让投资方期待落空，也让ofo小黄车的日子变得难过起来。滴滴出行曾经承诺争取的软银投资迟迟没有下文，资金无以为继。更为致命的是，将ofo小黄车订单量推上顶峰的"一元月卡"和"红包车"活动几乎耗尽了ofo小黄车的现金流，加剧了ofo小黄车的资金链危机。而前期靠资本补贴不顾一切的扩张行为，留下了许多的问题：规模巨大的小黄车需要维护，每天损耗惊人，人员的工资，公司的运营费用……所有的一切都需要钱去维持，ofo小黄车走到了绝境。

通常认为，风险投资不仅是一种金融投资模式，还是一种甄别企业家精神的社会制度，能够促进科技创新。实践中，也不乏风险投资成功的经典案例，如微软、英特尔、亚马逊、谷歌、Facebook等创业独角兽，它们对科技和社会发展的贡献无法估量。但是从共享单车的案例中，我们也看到了硬币的另一面。大多数风险投资机构缺少长期主义的战略耐性和价值观，在短期利益的驱使下，不断地追逐风口，把钱投向各种共享、视频直播、消费娱乐公司，导致了这些行业的虚假繁荣和恶性竞争，造成了社会资源的极大浪费。而那些需要时间积累的啃"硬骨头"的行业，如芯片、精密仪器等，却得不到风险投资的青睐。更加令人担忧的是，一些唯利是图的风险投资机构，甚至会把钱投向一些没有公德的"苍狼型企业"，这种企业不会创造社会价值，反而会破坏社会价值、消耗资源、破坏环境、掠夺员工、侵犯产权等。总之，风险投资是一把双刃剑，该如何挥舞是一个值得深思的问题。

 本章小结

　　共享经济是一种新的经济形态，其本质就是对物品的产权进行分割和转让，然后通过互联网平台将分散的供给和需求集中起来进行配置，从而提高资源的利用效率。共享经济可以按照分享对象或者用户需求进行分类，其基本特征是多人参与、相互信任、以互联网技术为支持。无桩共享单车是共享经济的一个典型代表，2014年由ofo小黄车的创始人戴威及其团队开创，在2016年和2017年成为风险投资的热点。

　　风险投资是对创业企业尤其是高新技术创业企业提供资本支持，并通过资本经营服务对所投企业进行培育和辅导，在企业发育到相对成熟后即退出投资，以实现自身资本增值的一种权益资本。以高风险和高收益的创业企业为投资对象的天使投资和风险投资，不仅是一种金融投资模式，还是一种甄别企业家精神的社会制度，属于广义的私募股权投资。风险投资具有四个主要特征：投资对象是新建企业尤其是高新技术创业企业，有明显的运动周期，是一种长期股权投资，风险投资机构可以提供增值服务。

　　风险投资的主要资金来源是成立风险投资基金向投资人募集资金，风险投资基金实际上就是一种专门投向未上市创业企业的投资基金，与普通投资基金的区别就在于投资对象不同，一般采用有限合伙制。

风险投资辛迪加是指两个或者更多的风险投资机构在同一轮同时投资同一家企业。其优势在于能够集中各个投资机构的优势，提供增值服务，更好地提升公司市场价值，从而增加风险投资成功退出的概率。在共享单车的实践中，我们也看到了硬币的另一面，风险投资辛迪加的形成可能是因为"跟风"，蜂拥而至的巨额资本可能会造成社会资源的巨大浪费。

 问题讨论

1. 什么是共享经济？其本质是什么？你认为共享对象应该满足什么条件？
2. 如果你是风险投资人，会投 ofo 小黄车还是摩拜单车，为什么？
3. 什么是风险投资辛迪加模式？比较 ofo 小黄车和摩拜单车各自的风险投资辛迪加构成，分析相较于单独风险投资，基于辛迪加的风险投资模式的优势是什么。
4. 试比较风险投资、天使投资、私募股权投资。

 即测即评

请扫描右侧二维码，进行即测即评。

第6章
改变世界的金融危机

> 对于金融市场,金德尔伯格明智地将其经典著作第1章的标题设为"金融危机:一个永恒的现象"。
>
> ——卡门·M.莱因哈特、肯尼斯·S.罗格夫

思维导图

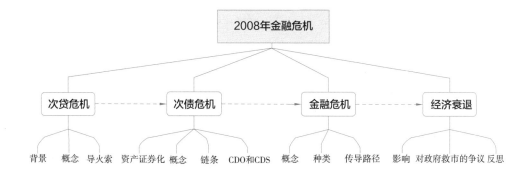

导入故事：华尔街五大投行的终结①

贝尔斯登成立于1923年，被华尔街称为"从不冬眠的熊"，是美国第五大投资银行。2007年6月，贝尔斯登发布公告，称受抵押贷款市场疲软的影响，旗下两只对冲基金损失严重。2007年末，贝尔斯登披露了其历史上的第一次亏损。2008年3月10日，信用评级机构穆迪公司下调贝尔斯登旗下一只基金发行的债券评级，当天，贝尔斯登面临流动性危机的传闻不胫而走。3月12日，已经82岁的贝尔斯登前CEO艾伦·格林伯格通过CNBC（美国消费者新闻与商业频道）发表电视讲话："有人猜测贝尔斯登出了一些问题，这是无稽之谈。" 3月13日，贝尔斯登的股价一泻千里，客户开始疯狂提现，当日公司的现金储备仅剩20多亿美元，几乎所有的合作伙伴都终止了与贝尔斯登的交易。当天晚上，贝尔斯登现任CEO打电话给美联储，说贝尔斯登没有现金了，第二天早晨可能要申请破产。3月14日清晨，美联储通过摩根大通②向贝尔斯登提供300亿美元的应急借款，这是1929年美国经济大萧条以来，美联储第一次向非银行金融机构提供救助。3月15日，高盛做空贝尔斯登的股票，3月16日《华尔街日报》披露了摩根大通的收购方案：摩根大通将以每股2美元③的价格收购贝尔斯登，很多人以为搞错了，后面还应该有个"0"，但是，没有这个"0"。3月24日，贝尔斯登与摩根大通终于达成一致，最终收购价为每股10美元，收购后不再保留贝尔斯登品牌。

雷曼兄弟是美国第四大投行，创立于1850年。在2001年"9·11"恐怖袭击中，雷曼兄弟在世贸中心的总部被毁于一旦，仅隔了一天就组织员工重建，只用了一个月就恢复营业。由于大量投资与次级住房抵押贷款相关的金融产品，2008年6月9日，

---

① 本章导入故事中引用的数据和事实主要来自：伯南克.行动的勇气[M].北京：中信出版社，2016.
② 摩根大通是美国第三大银行控股公司（截至2007年底），2000年由摩根银行与大通曼哈顿银行合并而成。这笔交易是美联储先借钱给摩根大通，然后再由摩根大通将这笔资金借给贝尔斯登，以贝尔斯登的证券作为抵押品。如果贝尔斯登没有偿还贷款，摩根大通不需要负责。
③ 2007年1月，贝尔斯登股票最高价格为172.69美元。

雷曼兄弟宣布第二季度亏损28亿美元，这是自1994年以来的首次亏损。在舆论压力下，美国财政部部长保尔森回应："不会浪费纳税人税款拯救雷曼兄弟。"9月11日，雷曼兄弟的股价跌到了4.22美元，要求提现或者增加担保品的客户和交易对手太多了，雷曼兄弟已经完全无力应付。2008年9月15日，雷曼兄弟申请破产保护。

就在同一天，全球排名第一的投资银行美林证券被美国银行以440亿美元的价格收购。美国银行宣布收购后解散美林证券公司，但保留具有全球影响力的品牌"美林证券"作为其投资银行业务的品牌。美林证券创办于1914年，总部位于美国纽约，占据了曼哈顿四号世界金融中心大厦34层。2007年7月宣布第二季度利润21亿美元，创历史纪录；2007年10月24日宣布第三季度亏损22亿美元，再创历史纪录。2008年9月15日被美国银行收购，但其品牌被保留。直到2018年3月，美国银行宣布其投行和交易业务改名为"美国银行证券"（Bank of American Securities），拥有105年历史的"美林证券"的品牌正式退出历史舞台，不再出现在美国银行的投行、全球市场和资本市场等业务中。

雷曼兄弟和美林证券，这两家偶像级的投资银行，曾经挺过了两次世界大战和1929年的经济大萧条，却在一天之内烟消云散了：雷曼兄弟宣布破产，美林证券被美国银行收购。它们并非没有意识到风险，只是，它们从来没有想过会是自己承受风险。到9月15日结束的时候，道琼斯工业指数暴跌504点，单日下跌点数开创了美国股市7年来的最大跌幅。两家仅存的独立投资银行——摩根士丹利和高盛，股价下跌超过10%。

早在2007年12月19日，美国第二大投行摩根士丹利就宣布公司出现73年首次季度亏损，亏损金额高达94亿美元。2008年9月21日，摩根士丹利申请转型为银行控股公司，从此接受美联储的监管。同日，获得同样批件的还有排名第三的投资银行——高盛。

至此，华尔街五大独立投资银行全军覆没。

6.1 次贷——一只美丽的蝴蝶

几乎令人难以置信，2008年爆发的这场席卷全球、深刻地改变了全球金融体系格局的危机，根源竟是美国部分金融机构发放的金额并不算太大的次贷——次级住房抵押贷款。那么，这只扇动翅膀从而引起一场飓风的"蝴蝶"——次贷，究竟是什么？

6.1.1 什么是次贷

次贷的全称是次级住房抵押贷款（subprime mortgage loan），是美国金融机构向信用等级不高的群体发放的住房抵押贷款。在美国的住房抵押贷款市场，根据信用评分[①]，可以把借款人的信用等级分为五类：优（750～850分）、良（660～749分）、一般（620～659分）、差（350～619分）、不确定（350分以下）。信用评分在720分以上，说明该借款人具有良好的信用记录，因此可以获得优先级（prime）抵押贷款；信用评分在620分以下，多是一些信用记录较差、违约风险较高的人群，如低收入、低受教育水平的个人或者少数族群。他们不符合常规的抵押贷款发放标准，只能获得次级（subprime）抵押贷款，贷款利率通常比较高；介于二者之间（信用评分在620～720分之间），主要是信用等级为"一般"（620～659分）的主流阶层，也包括少数信用分数高于660分的信用等级为"良"的客户，可以获得次优级（Alt-A）抵押贷款。

2006年末，美国的次级住房抵押贷款市场份额达到了全部抵押贷款的40%，而这一比例在20世纪90年代初几乎为零。2007年2月，次级住房抵押贷款危机就初露端倪。先是汇丰银行罕见地发出预警，接着是新世纪金融公司（New Century Financial Corp.）申请破产保护。随后，犹如多米诺骨牌一般，30多家次

---

① 信用评分是由个人征信服务公司和信用评级机构根据借款人的信用记录数据计算出来的，美国的个人信用评分范围在300～850分之间。中国也有类似的个人信用评分，如蚂蚁金服的芝麻信用分、京东金融的小白信用分等，权威的是中国人民银行征信中心的信用评分。

级住房抵押贷款公司应声倒地。风险随后殃及那些持有美国次级抵押贷款债券的投资者。2007年8月5日,贝尔斯登旗下两只涉足次贷的对冲基金宣布破产,投资人的损失高达15亿美元;8月6日,美国住房抵押贷款投资公司正式向法院申请破产保护;8月9日,法国巴黎银行宣布暂停旗下3只涉足美国次级住房抵押贷款债券的基金的赎回业务,德国多家基金也陆续宣布暂停赎回业务。那么,为什么美国的金融机构会向信用等级较差的人发放住房抵押贷款呢?

6.1.2 次贷产生的背景

20世纪90年代初,数据表明越来越多的美国人收入水平停滞不前甚至有所下降,贫富差距越来越大。面对日益加剧的收入不平等现象,政府采取的措施是扩大对家庭的借贷,尤其是针对低收入家庭。1995年,克林顿政府决定通过提高房屋自有率使得"居者有其屋"来促进经费发展。"提高住房自有率不仅有利于家庭和社区,还能够促进经济发展,壮大中产阶级队伍。重新点燃每一个家庭的购房梦会让美国为迎接新世纪的机遇做好充分的准备。"克林顿政府鼓励金融机构进行金融创新,以帮助无力购房的低收入群体实现买房梦,政府也会不遗余力地给予支持。对此,经济学家拉詹评论道:"回顾历史就会发现,当政府无法消除中产阶级家庭的深层焦虑时,就会拿宽松信贷来作为安抚剂。"

在2000年美国互联网泡沫破灭和2001年"9·11"事件之后,为了防止美国经济陷入衰退,布什政府开始推行减税政策。随后几年,美联储为了刺激居民消费、提升企业和个人的投资意愿,连续13次降息,到2003年6月25日,联邦基金利率已经降到1%,创45年来最低水平。通常来说,低利率会促使企业更多地借钱、更多地投资,再用投资收益来偿还债务。可事与愿违,连续降息并没有明显地刺激企业投资,但是,美联储这一扩张的货币政策还是取得了极大的成功,大量的资金涌入房地产市场,房价一路攀升。

房价的高涨和美国政府出台的"提高房屋自有率"系列政策,推动美国的金融机构对住房抵押贷款进行了一系列的"创新",把放贷的门槛不断地降低,主动向低收入家庭提供贷款。这些"创新"包括：零首付，即可以无本金买房；贷款前几年只偿还利息，不偿还本金；免信用审核，即借款人无须提供任何信用证明；第一年借款利率仅为1%，后续越来越高；债务合并[①]；等等。以2007年破产的新世纪金融公司为例，俄亥俄州的助理首席检察官罗伯特·M.哈特说："新世纪金融公司放贷的标准实在太低，它们甚至会向一条狗发放贷款。"一系列的金融创新使得大量的低收入美国家庭获得了住房抵押贷款，促进了房地产业的持续繁荣，而房地产业持续增长所产生的财富效应，又极大地推动了经济的增长。数据显示，美国2001—2007年创造的就业机会有三分之二与房地产有关。

举例来说明房地产业的财富效应。由于买房的钱是从银行贷款，假设首付只需支付10%（实际上危机前的首付远低于10%，甚至是零首付），这样就会出现10倍的杠杆效应。例如某人购买了价值100万美元的房子，自己只需支付10万元，剩下90万元从银行贷款，假设五年需要支付银行利息共计10万美元。5年以后房子升值到160万美元，偿还银行本息100万（本金90万+利息10万）美元之后，扣除首付10万美元，净赚50万美元。正因为投资房地产如此赚钱，所以越来越多的人加入贷款买房的阵营中，这就促进了房地产及相关产业的持续增长。同时，美国人炒房子赚到的钱并没有闲着，而是消费掉了（如吃饭、旅游等），所以，房价的持续增长又拉动了其他产业的增长。这就是所谓的财富效应，正是房地产产生的这种财富效应，使得很多美国人的生活水平高于他们的实际支付能力。

可是，上面说到的财富效应是建立在两个必要条件之上的：①房价持续上涨，人们可以把房子及时出手，因此风险是可以控制的；②房价上涨的幅度高于增加的利息负担，因此借钱买房是合算的。一旦这两个必要条件不成立，房地产的财富效应也就不存在了。我们知道，脱离实际需求的经济增长总有难以维持的一天，房价不可能持续上涨。靠放松贷款标准鼓励低收入群体买房的次级住房抵押贷款，从一

---

① 即允许借款人将信用卡贷款等其他类型的债务与住房抵押贷款合并在一起，进行统一还款。以上资料引自伯南克.金融的本质[M].北京：中信出版社，2014.

开始就埋下了祸根，危机的爆发只是时间问题。

6.1.3 次贷泡沫的破灭

在美联储长达 3 年的扩张性货币政策作用下，美国经济呈现出空前繁荣的景象。2004 年上半年，美国的 GDP（国内生产总值）达到 4.1% 的历史高点，但同时通货膨胀威胁开始显现。出于对通货膨胀率上涨的担忧，2004 年 6 月 30 日，美联储宣布将此前的联邦基金利率由 1% 提高至 1.25%。出人意料的是，国际油价也开始上涨，大宗商品价格持续上升，导致美国通货膨胀形势日益严峻，美联储不得不连续加息以控制物价的过快上涨。经过 17 次加息，联邦基金利率最终于 2006 年 6 月 29 日达到 5.25% 的高点。

物价的上涨和利率的提高让房地产市场缺少新的购买者，需求减少，2006 年美国的房地产价格开始大幅度下降。很多人突然发现，自己持有的房子，实际上已经成为负资产。也就是说，由于房价下跌，房子的市场价值已经抵不过自己欠的住房抵押贷款。同时，许多借款人的收入根本不够还贷，尤其是那些次级住房抵押贷款的借款人。次级抵押贷款产品的共同特点是，在还款的最初几年，每月支付的利息很低并且固定，在一定时间之后，还款压力陡增。这种"优惠"的贷款条件实际上是还贷的"陷阱"，许多借款人没有多少金融知识，也不具备风险意识，盲目贷款，在几年后忽然发现他们的月供陡然增加了，唯一的办法就是卖掉房子解套。如果房地产价格下降，或者房子脱不了手，就只好违约。2006 年以后，次贷的违约率是优级贷款的 3 倍，2009 年住房抵押贷款的违约率超过了 500 万笔，几乎是住房抵押贷款总数的 10%，这是非常高的。

克林顿政府和布什政府推行宽松的住房抵押贷款政策，是为了提高自有住房率，减少社会不平等，刺激经济增长。但是，最后却事与愿违。本来没有购房欲望的贫困家庭赔掉了本来就少得可怜的积蓄，落得无家可归；太多的房子建好之后永远闲在那里，太多的金融机构损失惨重，不得不让纳税人花上几年时间慢慢吸收这些损失。美联储的消费者财务状况调查（SCF）结果显示，在 1989—2004 年间，不能偿还贷款的低收入家庭（收入位于后四分之一的家庭）的比例翻了一倍，而拖欠信用卡债务的低收入家庭的比例提高了 75%。相比之下，那些高收入家庭（收入位于前四分之一的家庭）拖欠抵押贷款或者信用卡债务的比例在这段时期内则略有下降。次贷让低收入群体可以轻易地获得贷款买房子，在开始时好像给了他们支持和信心，但结束时反而让他们陷入更深的债务泥沼。

6.2 次债及其相关金融创新

次贷是 2008 年金融危机爆发的根源，但实际上，次贷本身的市场规模有限[①]。可怕的是，在监管缺失的情况下，次贷被多次证券化并衍生出复杂的金融创新，使得债务链条不断延长、杠杆的倍数不断扩大，终于把局部的金融市场风险放大成为全局的系统风险。

6.2.1 资产证券化

精明的银行家当然知道次级住房抵押贷款从长期看风险很大，他们肯定不想长期持有这些垃圾资产。如何才能把这些垃圾资产从自己的资产负债表上剥离掉呢？资产证券化提供了一个非常好的解决办法。

1. 资产证券化的概念和基本结构

资产证券化是指以基础资产未来所产生的现金流为偿付支持，通过结构化设计进行信用增级，在此基础上发行资产支持证券（asset backed securities，ABS）的过程。在资产证券化过程中，未来能够产生现金收益的资产，叫作基础资产；基础资产的原始所有者叫作原始权益人（发起人）；原始权益人将基础资产出售给一家特殊目的机构（special purpose vehicle，SPV）；然后 SPV 将这些基础资产汇集成资产池（assets pool），再以该资产池所产生的现金流为担保在金融市场上发行证券；最

---

① 根据国际货币基金组织 2008 年公布的数据，次贷的直接损失约为 8 000 亿美元。转引自朱民，等. 改变未来的金融危机 [M]. 北京：中国金融出版社，2009：9.

后，SPV 用资产池产生的现金流来清偿所发行的证券本息。资产证券化的主要参与方和基本结构如图 6-1 所示。

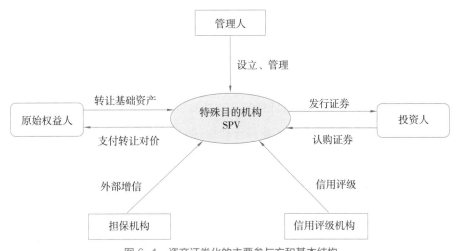

图 6-1 资产证券化的主要参与方和基本结构

2. 资产证券化的种类和作用

资产证券化的基本思路是，一切有未来现金收益作为抵押的资产，都可以制成标准化的债务凭证（证券化），进入金融市场交易。根据基础资产的性质，资产证券化主要包括信贷资产证券化和企业资产证券化两大类，狭义的资产证券化仅指信贷资产证券化。企业资产证券化是以企业所有的实物资产和无形资产为基础发行证券的过程，如深圳华侨城股份有限公司用欢乐谷的门票收入作为基础资产发行债券。本书讲的是狭义的资产证券化，即信贷资产证券化。以信贷资产为基础发行的证券可以分为两类：住房抵押贷款支持证券（mortgage backed securities，MBS）和资产支持证券（ABS）。二者的主要区别是：MBS 的资产池以住房抵押贷款为主，而 ABS 的资产池除了住房抵押贷款之外，还有商用房抵押贷款、信用卡应收款、汽车贷款、助学贷款、公司贷款等。

资产证券化的作用，首先是提高了资产流动性，那些 10 年、20 年到期的住房抵押贷款被打包后，作为抵押资产发行了债券，银行在几周内就可以将其变现，从而大大增加了银行的流动性。其次是分散风险,原来由银行承担的风险可以在更大的范围内得以分散。例如住房抵押贷款证券化之后,可以卖给保险公司、对冲基金等机构投资者,部分违约风险就这样被这些持有者承担了。

6.2.2 次债:次级住房抵押贷款债券

次债全称为次级住房抵押贷款债券,顾名思义,就是以次级住房抵押贷款为基础资产发行的债券,属于住房抵押贷款支持证券(MBS)。发放次级住房抵押贷款的金融机构(原始权益人)为了获得流动性,把发放的次级抵押贷款(基础资产)打包出售给一家特殊目的机构,并由这一机构在金融市场上公开发行以此为基础资产支持的债券(次债),发行次债募集的资金用于支付转让对价。未来次级住房抵押贷款的借款人还本付息产生的现金流,则用于清偿次债投资者的投资收益和本金。

显然,住房抵押贷款支持证券的信用等级取决于基础资产的质量。为了增加次债的信用等级,华尔街采取了分档技术(tranche),把次债分为优先级(senior tranche)和劣后级(subordinated tranche)。次贷产生的现金流(即借款人还本付息),扣除 SPV 的服务费用之后,直接转手(pass-through)给次债的持有人。当次贷的借款人发生违约时,产生的损失首先由劣后级债券的投资人来承担,所以劣后级债券的信用评级低于优先级(图 6-2)。

图 6-2 次债基本结构

2006 年美国 MBS 的余额为 6.5 万亿美元,其中以次级住房抵押贷款支持的 MBS 金额为 7 320 亿美元,占比为 11%,以 Alt-A 住房抵押贷款支持的债券占比为 14%,二者加起来占比达到 25%,金额为 1.6 万亿美元。这种次级住房抵押贷款证券化的设计就像一台虚拟的印钞机，因为发行次债融的资本，会被一而再、再而三地投入新的更大的抵押贷款中——直到危机爆发。根据美林证券的测算，2008年9月次债的损失金额已经达到1.36万亿美元。

6.2.3 房利美和房地美

提到MBS和ABS，就不能不谈其鼻祖——房利美（Federal National Mortgage Association，Fannie Mae）和房地美（Federal Home Loan Mortgage Corporation，Freddie Mac）。房利美，即联邦国民抵押贷款协会，成立于1938年。房地美，即联邦住房贷款抵押公司，成立于1970年。"两房"是由美国国会立法设立的政府资助机构，目的在于为住房抵押贷款市场提供支持，提高住房抵押贷款的可获得性。虽然它们后来都改制成了私营股份公司，但实际上它们受到联邦政府的监管，也跟政府有密切关系，享有州和地方政府的所得税减免权，与美国财政部具有差不多的信用等级。1968年，美国政府代理机构发行了世界上最早的政府住房抵押贷款支持债券（政府MBS），房地美和房利美也分别于1971年和1981年第一次发行MBS。

"两房"的主要业务就是住房抵押贷款证券化，即从商业银行和其他放贷机构购买住房抵押贷款，并将买进的贷款打包成为资产池，然后以此为基础资产发行住房抵押贷款支持证券，将这些证券出售给保险公司、养老基金或者商业银行等投资者。在这个住房抵押贷款证券化过程中，"两房"为抵押贷款做担保，并从中收取一定比例的担保费。因为"两房"发行的住房抵押贷款支持债券具有很高的流动性和信用等级，以至于许多国家的央行和主权财富基金都大规模地持有"两房"的MBS和ABS。2008年中国持有的"两房"发行的证券价值高达7 000多亿美元，比持有的美国长期国债的价值还略高一些。

2001年以来，美国的MBS规模迅速增长。2004年，尽管美联储已经开始加息并表达了对房地产市场过热的担忧，布什政府还是要求房利美和房地美加大对非优住房抵押贷款（次贷和Alt-A贷款）的支持。据测算，到2008年6月，"两房"通过抵押贷款证券化支持的次级住房抵押贷款和 Alt-A 贷款总额达到 2.7 万亿美元，约占此类贷款总金额的 59%。

6.2.4 次债的衍生金融产品：CDO 和 CDS

我们已经知道次债是以次级住房抵押贷款作为基础资产发放的债券，可想而知，以垃圾资产作为担保发行的债券不可能有高的信用等级。美国大型的机构投资者，如养老基金、保险基金的投资必须符合一定的条件，即其投资的债券必须达到穆迪或者标准普尔[①]的 AAA 级评级。次级抵押贷款支持债券显然不符合标准，这样许多大的机构投资者就无法购买，导致次债易生成、难脱手，发放次贷的银行也就无法实现获得流动性和规避风险的初衷。好在富有"创新"精神的华尔街投行早就盯上了这些高风险、高收益的垃圾债券，它们首先把这些次债打包、融合到一起，然后按照违约风险的大小进行切片，切出来最好的部分可以获得很高的信用评级，因为这一部分的偿付是优于其他部分的。举例来说，如果把 100 笔次级抵押贷款打包在一起然后证券化，虽然每一笔次级抵押贷款都有可能违约，但是 100 笔次级抵押贷款一起违约的可能性是非常小的。只要有一笔次级抵押贷款的现金流不出现问题，收回来的钱就可以用于偿付信用等级最高的债券。有人形容这种方式是现代金融的"炼金术"，即从一堆垃圾中炼出金来。

就是通过这样的"金融炼金术"，华尔街的投行把次债重新融合、切片，包装成了三种档次的债务抵押债券（collateralized debt obligations，CDO）。债务抵押债券是把不同类别、不同信用等级的债务（debt），如住房抵押贷款、公司债券、ABS、MBS、项目融资等打包组合在一起，以这些债务未来产生的现金流为支撑，通过内部风险增级（即分为不同的风险等级），重新分割投资风险和回报以整体发行的债券。简单地说，就是把一大堆好的资产和不好的资产混合在一起，以此为基础资产发行债券。然后把发行的债券进行风险分级，风险最低的叫作"优先级

[①] 穆迪和标准普尔都是美国权威的债券信用评级机构。1975 年美国证券交易委员会（SEC）认可标准普尔、穆迪、惠誉国际为全国认定的信用评级机构，它们也是全球最著名的三家评级机构。

CDO",风险中等的叫作"中间级 CDO",风险最高的叫作"权益级 CDO"。违约风险首先由权益级 CDO 来承担,然后按照从下往上的顺序由其余各档依次承担损失。各档 CDO 利率不同,风险越高,利率越高(图 6-3)。

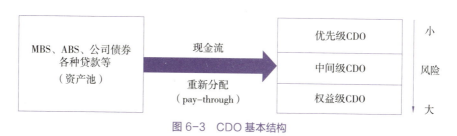

图 6-3　CDO 基本结构

当包装好的 CDO 被送到资产评级公司的时候,穆迪和标准普尔大笔一挥,优先级 CDO 获得了 AAA 的最高评级。也就是说,经过华尔街投行这么一包装,原来的丑女变得光彩照人。本着靓女先嫁的原则,优先级 CDO 不费吹灰之力就被抢购一空。中间级 CDO 和权益级 CDO 有点麻烦,不过没有关系,华尔街有的是手段,它们成立了对冲基金,对冲基金则从投行手中买下档次不高的 CDO。

当然,这些化腐朽为神奇的华尔街精英,比谁都明白 CDO 隐藏的风险。为了给自己持有的 CDO 买一份保险,他们又创造出信用违约掉期(credit default swap,CDS)。CDS 可以被看作是对存在违约风险的资产的一份保险,存在违约风险的资产可以是贷款、债券或者 CDO。购买信用违约掉期的一方被称为买家,承担风险的一方被称为卖家。买卖双方约定,如果金融资产没有出现违约,则买家向卖家定期支付"保险费",而一旦发生违约,则由卖家承担买家的资产损失。

6.3　从金融危机到经济衰退

6.3.1　金融危机的相关概念

关于金融危机,美国经济学家雷蒙德·戈德史密斯(Raymond Goldsmith)曾有一个形象的比喻:"如同美女,金融危机难以定义,但一旦相遇却极易识别。"在《新帕尔格雷夫经济学大辞典》中，金融危机被定义为"全部或者大部分金融指标——短期利率、资产（证券、房地产等）价格、企业破产和金融机构倒闭数量的急剧、短暂和超周期的恶化"。为了给金融危机一个具体可操作的定义，莱因哈特和罗格夫将金融危机分为四种类型[①]，并依据可量化的临界值和事件进行定义，具体如表6-1、表6-2所示。

表 6-1　基于量化临界值定义的金融危机

危机类型	临 界 值
通货膨胀	年通货膨胀率 20% 或以上
货币危机	对美元或者其他基准货币年贬值超过 15% 或以上

表 6-2　基于事件定义的金融危机

危机类型	标准/事件
银行危机	出现挤兑，导致银行倒闭或者被接管；没有出现挤兑，但一家重要的银行倒闭或者被接管
主权债务危机	主权国家在政府债务到期日不能正常还本付息

那么，如何区分是局部或者区域性的金融危机还是全球金融危机呢？莱因哈特和罗格夫认为全球金融危机至少需要具备以下三个要素：①一个或者多个全球金融中心陷入严重的金融危机。②危机涉及两个或者多个不同的地区。③每个地区发生金融危机的国家不少于三个。按照这个标准，我们对20世纪以来主要的金融危机进行了分类（表6-3）。

数据表明，全球性金融危机远比区域性金融危机杀伤力大。一个根本的原因是，当发生全球金融危机的时候，出口不能再为经济增长提供缓冲了。当世界上其他国家都同样陷入金融危机的时候，由于没有了出口拉动，一个国家靠一己之力走出经济衰退要困难得多。

---

① 卡门 M·莱因哈特，肯尼斯 S·罗格夫. 这次不一样——八百年金融危机史 [M]. 北京：机械工业出版社，2015：4-10.

表 6-3 20 世纪以来主要的金融危机

时间	危机名称	性质	受影响的全球金融中心
1929 年	经济大萧条	**全球性**	美国
20 世纪 80 年代	拉丁美洲主权债务危机	区域性	无
1994 年	墨西哥金融危机	区域性	无
1997 年	亚洲金融危机	区域性	日本
2008 年	美国次贷危机	**全球性**	美国和英国
2009 年	欧洲主权债务危机	区域性	无

6.3.2 从美国次贷危机到全球金融危机

本来规模不大的次贷，经过层层证券化和创新，形成了一个次贷相关金融产品链条（图 6-4），金额也被放大了上百倍。根据统计，2007 年 CDO 发行量为 1.2 万亿美元。CDO 的资产池中，40% 的抵押品来自 MBS，在这其中，有 75% 是以次级住房抵押贷款作为基础资产，只有 25% 是以高质量的优先级抵押贷款为基础资产。国际掉期与衍生品协会（ISDA）从 2000 年开始调查 CDS 的市场规模，当时是 6 300 亿美元。随着这种产品逐渐为投资银行、保险公司、社保基金、对冲基金等金融机构所追捧，金额一路飙升，在 2007 年末 CDS 市场一度达到 62.2 万亿美元的峰值，7 年的时间增长了近百倍①。

图 6-4 次贷相关金融产品链条

从 2004 年 6 月开始，为了抑制通货膨胀，美联储连续 17 次加息，联邦基金利率被迅速提至 5.25%。这不仅给美国经济降了温，还导致房价出现回落，从而使原来被掩盖着的次级住房抵押贷款危机逐步显露出来。从 2006 年起，美国房地产

---

① 朱民，等. 改变未来的金融危机 [M]. 北京：中国金融出版社，2009：12.

价格出现下跌，新的房地产项目逐渐减少，正在销售的楼盘找不到买主。同时，由于利率的提高，许多次级抵押贷款的贷款人发现他们借的款远远高于他们所拥有房产的价格，一些人已经无力偿还贷款。有太多的美国家庭在预算的时候没有留出余地，一些放贷机构受利益驱使也没有提醒人们注意借贷的风险。次贷借款人不能按期偿还贷款，贷款机构就会出现亏损甚至破产，以次贷为基础资产发行的次债也就成了垃圾，人人避之唯恐不及，大量的抛售导致次债价格狂跌，持有这些债券的机构损失惨重。次债出了问题，以其作为基础资产的CDO也会遭到抛售，价格狂跌，CDS的卖家损失惨重。更重要的是市场信心崩溃，投资者纷纷赎回基金，造成基金公司流动性困难，不得不暂停基金赎回。而这又进一步引发了投资者对资本市场的恐慌，大量抛售股票，导致了本章导入故事写到的金融机构破产、股市暴跌、五大投行全军覆没的局面。

本来是局部市场的次贷危机愈演愈烈，不断蔓延，其深度和广度震惊全球，从金融公司、对冲基金到商业银行、投资银行、保险公司，最终演变成系统性的金融危机。房利美和房地美、美国国际集团（AIG）、华盛顿互助银行、美联银行、富通银行、雷曼兄弟、贝尔斯登、美林证券等10多家曾经声名卓著的金融机构，或者破产，或者被政府接管，或者被竞争对手并购。超级大型银行的股价暴跌，2009年1月和2月，花旗银行、美国银行的股票价格下跌了80%，其他大银行的股价也都跌了一半以上。这些大银行持有美国三分之二的资产和二分之一的贷款。

金融危机在美国全面爆发，全球也跟着陷入极度恐慌之中。这一方面是因为全球主要经济体的金融机构大量持有美国金融机构发行的金融产品，这些金融产品价格暴跌导致各国金融机构损失惨重。以次债为例，截至2006年底，次债的持有者中对冲基金占10%，养老基金占18%，保险公司占19%，资产管理公司占22%，其余为外国投资者。也就是说，美国的次级抵押贷款危机，全球的投资者都要为其埋单。另一方面是因为全球金融市场一体化。各国股市之间的联动关系越来越密切，美国的金融危机引发了全球股市的恐慌情绪。同样，债券市场、商品期货市场、外汇市场及各类相关衍生产品市场也随即产生联动。

6.3.3　从全球金融危机到全球经济衰退

美国次贷危机爆发，并逐步演化为金融危机之后，随之侵蚀了实体经济，美国政府、企业和居民都遭受了巨大的财富损失，美国经济陷入衰退。2008年10月之后，危机持续向全球蔓延，欧洲和日本、韩国开始陷入衰退，"金砖四国"（巴西、俄罗斯、印度、中国）经济增长大幅放缓，危机波及国家之多、影响之深史无前例。据国际货币基金组织的统计，总共有24个国家深受其害，其中多数国家的经济活动至今尚未回归正轨。

1. 经济危机、经济衰退和经济萧条

我们首先需要明确几个概念的含义[①]。经济危机（economic crisis）是指一国经济受到重大冲击后，整个社会经济遭受严重破坏，陷入严重混乱的状况。如由金融危机、财政危机、国际收支危机、国际石油危机，或者战争、重大自然灾害等导致的全面经济危机。经济衰退（economic recession）是指国民经济产出总量（一般以GDP衡量）或经济增长率持续下降的状态。经济萧条（economic depression）是指国民经济运行遭受严重破坏，陷入严重衰退的状况。经济危机和经济衰退的主要区别在于：经济危机是由于巨大的冲击导致的社会经济混乱，是一种短期的状态（类似急性病）；如果经济危机得不到有效的治理，就会陷入经济衰退，经济衰退是经济危机的后果，是一种长期的状态（类似慢性病）；而严重的经济衰退就是经济萧条，也就是二者只有程度上的差异。美国国家经济研究局（NBER）认定这次经济衰退开始于2007年12月，结束于2009年6月。所谓经济衰退结束，并不是指经济回复常态，而是说经济开始复苏增长了。

2. 从金融危机到经济衰退的传导路径

从金融危机到经济衰退的传导路径一般有三条，如图6-5所示。

第一条是信用快速紧缩。在金融危机的时候，经济和信贷市场陷入一个日趋严重、自我毁灭的恶性循环，即负面的情绪和经济新闻会加剧金融动荡，而金融动荡

[①] 中国社会科学院经济研究所. 现代经济辞典[M]. 南京：凤凰出版社，江苏人民出版社，2005：560-562.

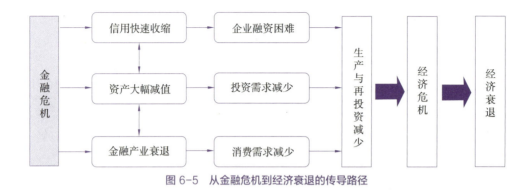

图 6-5 从金融危机到经济衰退的传导路径

反过来又扰乱信贷流通，导致金融市场借贷活动冻结，企业获得金融支持非常困难，就会减少生产和投资。第二条是资产大幅减值。一方面，房价下跌引发房地产投资大幅下降，拖累了经济增长。另一方面，危机爆发之后美国股票市场创下六年来的新低，股票是美国企业、居民、各种养老与保险基金的重要投资产品，股票市场暴跌，财富发生巨额损失，导致企业和居民的投资意愿与投资能力迅速回落，经济活动逐渐停滞。第三条是金融产业衰退。金融机构发生巨额亏损或破产倒闭，股票价格暴跌，导致大量金融从业者失业或者收入锐减，不得不减少消费。另外，金融行业的衰退还会拖累其他行业，导致其他行业（如餐饮业、影视娱乐、旅游业等）收入减少或者股票市值迅速蒸发，居民收入减少或者财富损失惨重，消费意愿和消费能力下降。

6.4 金融危机怎样改变了我们的生活

2008 年金融危机留下了永恒的烙印，时至今日，仍然在深刻地影响着我们的生活。危机过后，普通民众收入没有增长，却不得不背负沉重的经济负担，对华尔街的全身而退、有罪不罚怨声载道。有研究表明，这场次贷危机将使普通美国人一生的收入减少 70 000 美元。同时，大规模地发行国债也使得一些国家债台高筑，而公共债务终究是要靠纳税人的钱去偿还的。危机之后，特朗普竞选成功、全球化在美国遭遇强烈抵制、民众对政府和其他机构信任减退，背后都有 2008 年金融危机的影子。2021 年 1 月爆发的史诗级的美国散户逼空华尔街事件——"韭菜战镰刀"①，正是 2008 年金融危机埋下的种子结出的果实。散户的"带头大哥"在推特上写道："我十几岁的时候正赶上 2008 年金融危机。我清楚地记得，华尔街那帮人毫无顾忌的行动给我个人和我身边的人的生活带来了多大的影响。"

6.4.1 规模空前的政府救市

金融危机爆发之后，各国政府为形势所迫出台了一系列的政策措施。2008 年 9 月 15 日，雷曼兄弟破产引发了全球金融市场信心崩溃，为了力挽狂澜，各国政府和央行出台了一系列救市措施，几乎每天都有新的重大的救市举措推出。这些措施包括：降息、直接向金融市场注入资金、禁止股票市场的卖空行为、对出现困难的金融机构进行注资、国有化或者接管金融机构、直接向企业提供融资、对住房抵押贷款的借款人进行救助、大规模的政府财政刺激计划等。最重要的是美联储采取的量化宽松货币政策，我们将在第 7 章展开。

在金融危机中，部分大型金融机构由于持有数额巨大的次贷相关金融产品出现了流动性风险，甚至资不抵债。这些大型金融机构发行的债券，在全球金融市场流通，被诸多金融机构持有。更重要的是，全球金融系统日益复杂和一体化，各国金融机构之间业务联系紧密、交易频繁，任何一家大型金融机构破产都会使全球金融市场产生严重的震荡，并可能导致一系列的金融机构破产。为了防止大型金融机构破产，英国、美国、德国、葡萄牙、比利时、冰岛、阿根廷等国先后对本国陷入困境的大型金融机构采取了一系列救助行动。

2008 年 2 月 19 日，英国政府决定对北岩银行注入资本金，将其国有化，这是英国政府 20 多年来首次将一家大型银行收归国有，也拉开了本次金融危机中大型金融机构救助的序幕。美国对全美 10 家最大银行中的 9 家注资 1 250 亿美元进行救援，其中包括著名的花旗银行。花旗银行创立于 1812 年，危机爆发前是全美最

---

① "韭菜"一般指金融市场上的散户（个人投资者）；"镰刀"一般指金融市场上的机构投资者。

大的银行,在全球 106 个国家拥有 2 亿多客户,如果花旗银行倒闭,后果不堪设想。

除此之外,2008 年 9 月 7 日,美国财政部部长保尔森宣布,将向房利美和房地美提供资金援助,并由联邦住房金融局接管"两房"。9 月 17 日,美联储向 AIG 提供了 850 亿美元的紧急贷款。AIG 一度是世界上市值最大的保险公司,但在运营过程中做出了一系列鲁莽的举动,运用新奇的金融工具,为大量风险极高的金融产品提供保险,其中包括大量卖出 CDS。随着住房抵押贷款违约现象增多,那些曾经购买这类保险的金融公司和其他客户纷纷向 AIG 索赔。在资金短缺的情况下,美国国际集团可能在几天甚至几个小时之内破产。时任美联储主席伯南克在解释这一救助行为的时候说:"美联储之所以打算救助 AIG 绝不是希望帮助它的雇员或者股东,而是因为我们认为美国的金融体系,甚至整个经济体系都无法承受它的破产。"

6.4.2 政府救市引发的巨大争议

各国政府大手笔地出手救市违背了市场经济的一项基本原则:企业应该接受市场的约束,政府不应该为企业错误决策造成的损失埋单。在资本主义制度中,必须允许市场惩罚做了错误决策的企业或者个人。美国东方航空公司首席执行官弗兰克·博尔曼有一句经典名言:"没有破产的资本主义就像没有地狱的基督教。"

毫不奇怪,政府的救市措施遭遇了巨大的阻力,引发了朝野上下极大的争议。2008 年 9 月,美国民众和媒体反对美联储与财政部救助华尔街的声音越来越强硬。伦敦《金融时报》对美国政府接管房利美和房地美的举动评论道:"政府应该像回避瘟疫一样回避这样的救助行为。"《华尔街日报》认为:"如果联邦政府机构在救助贝尔斯登和房利美之后,再出手救助雷曼兄弟,那就无异于表明政府会为所有陷入危机的机构兜底,联邦政府的这个新政策将鼓励更多不计后果的冒险行为。"著名经济学家安娜·施瓦茨更是直接痛斥,美联储的救援行为是"流氓行径"。

2008 年 9 月 21 日,雷曼兄弟倒下一周后,美国财政部部长保尔森主导的救市计划出炉,人们称之为"问题资产救助计划"(正式名称是《紧急稳定经济法案》),该计划的核心是允许财政部购买总额 7 000 亿美元的金融机构发行的抵押贷款支债券。选民对这个计划的看法可以分为两派："50%的人说不行，50%的人说绝对不行。"[①]9月25日，部分抗议者在美国纽约华尔街集会，反对美国政府救市。据《纽约时报》报道，为了尽快让救援计划获得通过，美国财政部部长保尔森甚至在众议院女议长佩洛西面前单膝下跪。9月29日在对该计划进行投票表决时，众议院反对票数为228票，赞成票数为205票。当天，道琼斯工业指数收盘价跌了近778点，跌幅近7%，单日下跌点数开创了美国股市有史以来的新纪录。同时，标准普尔指数下跌近9%，美股单日蒸发市值1.2万亿美元。国会决定对该计划再次进行投票表决，10月1日，参议院以74票对25票的票数通过了这项法案。10月3日，众议院以263票对171票的结果，也通过了这项法案。

事后，伯南克在对2008年金融危机进行总结和反思的时候，认为诱发2008年金融危机的直接因素是次贷泛滥和房价泡沫，但之所以导致如此严重的后果，主要原因可能在恐慌本身。"虽然很多人认为我们在应对危机的时候存在头痛医头、脚痛医脚的现象，但美联储、财政部和联邦存款保险公司在很大程度上借鉴了应对金融恐慌的经典处方，而且最终成功地抑制了危机。如果我们没有成功，那么历史经验告诉我们，美国将会出现极为严重的经济崩溃，其后果远远比我们当前经历的这种经济衰退严重得多。"

6.4.3 总结和反思

2008年金融危机给世界留下了长久的阴影，关于此次危机的总结和反思也从未中断。事后回顾，这场危机的演化路径是非常清晰的（图6-6），但是在当时，绝大多数经济学家都无法看清楚，未能正确地预见。伯南克在危机之后的一次演讲中反思道："关键的问题在于，这些次级住房抵押贷款分布于不同的证券之中，并在不同的市场上流动，没有人真正知道这些证券在哪儿，也没有人知道谁将会遭受损失。这给金融市场带来了很大的不确定性。"[②]

---

① 伯南克. 行动的勇气[M]. 北京：中信出版社，2016：350.
② 伯南克. 金融的本质[M]. 北京：中信出版社，2016：65.

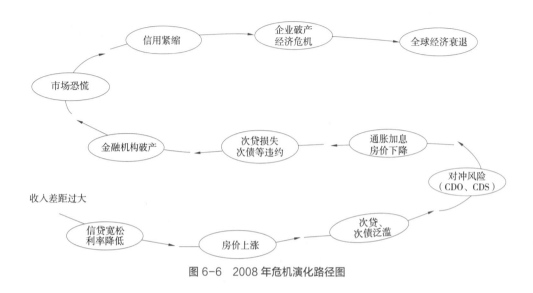

图 6-6 2008 年危机演化路径图

回顾次贷相关金融产品的产业链条：生产商是次级抵押贷款银行，投资银行负责深加工和市场营销，质检部门是信用评级公司，而对冲基金负责仓储和批发。在这个利益链条上，似乎谁都应当为这件事情负责，又似乎谁都是无辜的。我们可以谴责抵押贷款银行无视风险违规放贷；投资银行唯利是图、偷梁换柱；信用评级公司是"欺诈的同谋"（俄亥俄州检察官马克·德安语）。但是，从另一个角度看，这些金融机构所做的一切，不过是为了追求利润的最大化。这种个体的最优选择可能从市场整体的角度来看并不是最优的，以致爆发危机。再往前挖一点，危机爆发数年前，政府为鼓励穷人买房而采取的宽松信贷政策，和美联储扩张的货币政策是否就已经为次贷危机埋下了伏笔？诺贝尔经济学奖得主约瑟夫·施蒂格利茨在法国《回声报》撰文说："人们早就预料到会出现这种局面，也预料到它会给成千上万的美国人以及世界经济造成影响。对于今天的局面，格林斯潘（美联储前主席）难辞其咎。"不过，现在再去追究责任似乎没有意义，关键是从这场危机中我们学到些什么。

金融是现代经济的核心。金融风险具有突发性、传染性和加速放大效应，危害性极强。金融危机对经济和公众信心的伤害无以复加，后果将是灾难性的。历次金融危机之后，有两个问题总是引发广泛的争议和思考，却始终没有解决。一个问题是如何处理金融创新和金融监管的关系，另一个问题是如何看待政府在金融危机中的救市行为。

美国财政部副部长大卫·麦考密克说："次贷危机的确是一场在高度证券化和高度衍生产品化的金融体系中，由金融创新所引发，因货币政策和政府监管失误所造成的系统性风险。"拉加德也认为金融机构（尤其是美国和欧洲的金融机构）疯狂实施了一系列不计后果的冒险行为，导致了危机的爆发。这些行为包括：减少对传统存款的依赖而更多地依赖短期融资；大幅降低贷款标准；通过证券化的方式将贷款剥离资产负债表；逃避监管。

危机爆发之后，各国政府采取了诸如资本支持、债务担保和资产购买等措施，各国中央银行大幅下调了利率，随后又实行了量化宽松货币政策。前面提到，这些举动引起了巨大的争议，反对政府救助的核心观点是救助华尔街却不救助普通民众，是有失公平的行为。如果市场认定美联储在市场崩盘的时候总会采取非常规的措施进行救助，就会更加肆无忌惮。虽然伯南克坚持认为美联储救助的不是个别金融机构，而是整个美国经济，在接受采访的时候辩解道："如果你有一位邻居喜欢在床上抽烟，假如他不小心引燃了自己的房子，你可能会说，我不会帮他，让他的房子自己烧去吧，反正不干我事，但如果你的房子是用木头造的，又位于他房子的隔壁，你该怎么办呢？再假如整个城市的房子都是木头造的，你又该怎么办呢？"但是，他也承认："每当我看到有人在汽车保险杠上贴纸写着'我找谁救助'的时候，内心都会感到震撼。"

为何金融危机一再发生？《这一次不一样》的作者归结到人的本性。人的贪婪与破坏性的原始力量总会在积聚一段时间之后突破理性的限制，能量在破坏性地释放之后，才会归于相对的宁静与繁荣。人们总是过于自负，认为同样的错误不会再犯，一旦历史重演，就去寻找新的借口。正如马克·吐温所言："历史不会重复自己，但会押着同样的韵脚。"

本章小结

次贷(次级住房抵押贷款),是美国金融机构向信用等级不高的群体发放的住房抵押贷款。面对日益加剧的收入不平等现象,美国政府采取的解决措施是扩大对低收入家庭的借贷规模,提高"房屋自有率"。在宽松的信贷政策和扩张性的货币政策推动下,21世纪最初几年,美国的房价持续上涨,次贷的规模大幅增加。为了抑制通货膨胀,美联储开始加息,利率的提高和房价的下跌导致大量的次贷出现违约,次贷危机爆发。

次债(次级住房抵押贷款支持债券)是以次级住房抵押贷款为基础资产发行的债券,属于住房抵押贷款支持证券。资产证券化是指以基础资产未来所产生的现金流为偿付支持,通过结构化设计进行信用增级,在此基础上发行资产支持证券的过程。根据基础资产的性质,资产证券化主要包括信贷资产证券化和企业资产证券化两大类,狭义的资产证券化仅指信贷资产证券化,包括MBS和ABS。

为了转移风险,在次债的基础上,又进一步衍生出了债务抵押债券和信用违约掉期。次贷本身的市场规模有限,但是在监管缺失的情况下,次贷被多次证券化并衍生出复杂的金融产品,使得债务链条不断延长、杠杆的倍数不断扩大,终于把局部的金融市场风险,放大成为全局的系统风险。

金融危机是全部或者大部分金融指标——短期利率、资产(证券、房地产等)价格、企业破产和金融机构倒闭数量的急剧、短暂和超周期的恶化。由于金融是现代经济的核心,金融危机具有突发性、传染性和加速放大效应,危害性极强。经济危机是指一国经济受到重大冲击后,整个社会经济遭受严重破坏、陷入严重混乱的状况。经济衰退是经济危机的后果,是一种长期的状态。

2008年的危机的演化路径是:由次贷危机演化为全球金融危机,再由全球金融危机演化为全球经济衰退。在危机爆发之后,各国政府采取了诸如资本支持、债务担保和资产购买等措施,各国中央银行大幅下调了利率,随后又实行了量化宽松货币政策。这些救助措施引发了广泛的争议并造成深远的影响,时至今日,仍然在深刻地影响着我们的生活。

 问题讨论

1. 什么是资产证券化?其本质是什么?
2. 什么是次贷?什么是次债?试说明二者的关系。
3. 试比较金融危机、经济危机、经济衰退和经济萧条。
4. 你认同金融机构应该向信用等级不高的低收入人群发放贷款吗(比如校园贷)?为什么?
5. 你如何评论2008年金融危机中各国政府的救市行为?

 即测即评

请扫描右侧二维码,进行即测即评。

第7章

中央银行：行动的智慧和勇气

> 人类有史以来曾有三项伟大的发明：火、轮子和中央银行。
>
> ——威尔·罗杰斯

 思维导图

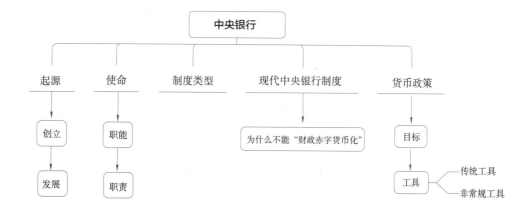

导入故事：疫情引发的"神仙吵架"

2020年，一场突如其来的疫情带来了前所未有的挑战。为了应对疫情引发的失业率剧增、金融市场动荡和经济衰退，多国政府和央行推出了"史无前例"的经济刺激政策。2020年中国一季度GDP增速为-6.8%，4月17日召开的中央政治局会议也提出"要以更大的宏观政策力度对冲疫情影响"。在这样的背景下，中国财政科学研究院院长刘尚希4月27日在中国财富管理50人论坛（CWM50）与中国财政科学研究院联合举办"当前经济形势下的财政政策"专题会议上发言表示，可以用发行特别国债的方式，适度地实行"财政赤字货币化"。一石激起千层浪，这一观点引发了激烈的争论，各位重量级政府官员、学界大咖纷纷发表意见、展开论战，并迅速形成了"央妈""财爸"两大阵营。在媒体的推波助澜下，一时间各路"神仙"聚集，呈现了一场精彩绝伦、难得一见的"神仙吵架"。

刘尚希做主题发言时说："当前面临新的条件，包括疫情，也包括全球的低增长、低通胀、低利率、高债务、高风险的'三低两高'的新态势。无论是量化宽松还是低利率，都没有刺激起通胀，表明现在的通胀机理已经发生了较大改变，'货币数量论'已经过时了，以货币存量来衡量宏观杠杆率已经不合时宜。""在这种新的条件下，是否可以考虑财政赤字适度货币化？这次的特别国债，如果由央行直接购买，不但可以避免国债向市场发行产生的挤出效应，而且可以产生和央行扩大货币供应不同的效果。"由于央行直接购买国债违背了《中华人民共和国中国人民银行法》①，对此刘尚希表示："至于法律的限制可以由人大特别授权来解决。"

---

① 《中华人民共和国中国人民银行法》（2003修正）第二十九条：中国人民银行不得对政府财政透支，不得直接认购、包销国债和其他政府债券。第三十条：中国人民银行不得向地方政府、各级政府部门提供贷款，不得向非银行金融机构以及其他单位和个人提供贷款，但国务院决定中国人民银行可以向特定的非银行金融机构提供贷款的除外。中国人民银行不得向任何单位和个人提供担保。

对此，中国人民银行原副行长吴晓灵在5月6日发表了一篇极短但是极有力量的文章，指出："之所以中央银行不直接购买一级市场的国债，是希望对政府财政有一个市场约束。""中国经济目前面临的问题不是不可以扩大财政赤字，也不是不可以央行直接买入国债，而是我们的财政政策是否合适，效率如何。中国的银行体系尽管在信贷的公平性上存在问题，但传导机制是正常的，央行也在通过再贷款对信贷结构进行调整。"现在的问题是要把财政和金融各自的优势与边界理清楚，"这些问题清楚了，财政赤字自可扩大，手段自可选择"。

针对吴晓灵提出的问题，刘尚希在5月15日作出了回应，强调当前正面临"前所未有"的严峻形势，需要有与"前所未有"相匹配的大政策，来应对"大变局""大冲击"。"实际上当前财政非常困难，很多地方政府已经到了'无米下锅'的程度。"中央政府只能靠发行国债筹资，而大规模地通过市场发行国债，会产生"挤出效应"，市场资金会因此减少，利率也会隐性提高。"两害相权取其轻"，在不同风险之中进行权衡，"财政赤字适度货币化"是当前条件下一条很现实的出路。"在国家利益面前，没有部门利益""央行作为一个机构的独立性和货币政策的独立性都是相对的"，并非"国中之国"。而我国的央行"更像是一个央企"，"独立性其实是很强的"。

一些专家学者认同特殊时期要充分发挥财政政策的作用，因为财政政策灵活性强，可以进行结构性调整。如余永定撰文指出中国必须大胆地实行扩张性的财政政策，辅之以扩张性的货币政策，不必担心财政赤字率突破3%的红线。但是，更多的专家学者反对刘尚希提出的"财政赤字货币化"，认为中国目前仍然处于常态化的货币信贷政策的范畴，远未到"财政赤字货币化"的程度，如中国人民大学教授刘元春、中国银行首席经济学家曹远征、中银证券全球首席经济学家管涛等。还有一部分专家学者，以央行官员为主，旗帜鲜明地反对一切情况下的"财政赤字货币化"，认为这是从根本上放弃了对政府财政行为的最后一道防线，如央行货币政策委员会委员马骏。

参与"神仙吵架"的主要专家学者及其核心观点，详见表7-1。

表 7-1　主要专家学者及其核心观点

时　间	姓　名	核　心　观　点
4月27日	刘尚希（中国财政科学研究院院长）	通货膨胀的机理发生了改变，货币数量论过时了，面对前所未有的挑战，可以考虑"财政赤字货币化"，既避免了"挤出效应"，又克服了货币政策传导不畅问题
5月6日	吴晓灵（中国人民银行原副行长）	中国的货币政策传导机制是正常的，"财政赤字货币化"不是可以不可以的问题，而是取决于货币政策目标和财政政策效率。首先要厘清财政政策和货币政策的相对优势和边界
5月14日	刘元春（中国人民大学副校长）	实行"财政赤字货币化"有很多严格的前提条件，目前中国并不存在实施赤字货币化的各种条件
5月17日	陆磊（国家外汇管理局副局长）	中国创新性完成了"财政职能金融化"，而非"财政赤字货币化"，金融部门通过市场机制实现了具备正向激励的资源配置，同时货币发行的纪律得到了保障
5月17日	马骏（央行货币政策委员会委员）	"财政赤字货币化"从根本上放弃了对政府财政行为的最后一道防线，我国目前传统货币政策工具仍有较大空间，并不适合MMT的应用场景
5月18日	管涛（中银证券全球首席经济学家）	"财政赤字货币化"与负利率等非常规手段几乎是"末路政策"，缺乏成功经验，并可能存在严重的后遗症，不能轻易尝试
5月18日	刘晓春（上海新金融研究院副院长）	"财政赤字货币化"不可行，应更好地发挥财政政策宏观刺激作用，探索新的财政政策、货币政策协调的有效宏观调控方式
5月18日	曹远征（中国银行首席经济学家）	防控疫情问题的核心是财政支出的合理并且精准，中国货币政策仍有正常发挥的空间，特别国债将被市场消化，不能把西方的理论变成中国的现实问题

7.1　中央银行的起源、创立与发展

在一国金融体系中，中央银行是最神秘的。我们虽然每天都能在新闻里或者钞票上看到它——中国人民银行（我国的中央银行），却几乎没有人去中央银行办过业务。我们只是模模糊糊地知道，中央银行既是一个金融机构，又是一个政府机关。现代中央银行是专门制定和实施货币政策、统一管理金融活动并代表政府协调对外金融关系的金融管理机构。在现代金融系统中，中央银行处于核心地位，是一国最

重要的金融管理当局和宏观经济调控部门。那么，中央银行是什么时候出现的？世界上所有国家的中央银行都是一样的吗？

7.1.1 中央银行的起源

马克思说："人们自己创造的历史，但是他们并不是随心所欲地创造，并不是在他们自己选定的条件下创造，而是在直接碰到的、既定的、从过去继承下来的条件下创造。"这句名言用来解释中央银行的起源，再合适不过了。世界上最早的中央银行产生于17世纪中后期的欧洲，是在特定的历史背景和社会经济条件下自然而然出现的，具有客观必然性。

16世纪的欧洲，商品经济的迅速发展和资本主义制度的兴起，促进了大量商业银行的出现，著名的威尼斯银行和米兰银行分别成立于1587年和1593年。17世纪和18世纪，随着欧洲工业革命和资本主义制度的确立，社会生产力突飞猛进，银行业迎来了快速发展时期。阿姆斯特丹银行（1609年）、瑞典银行（1656年）、英格兰银行（1694年）等一大批银行，如雨后春笋般纷纷建立。这些银行都可以发行自己的银行券，这些银行券只是一种代用纸币，即客户把金属货币存放到银行里，银行给客户相应金额的银行券。日后在客户需要的时候，可以去银行把银行券兑换成金属货币。

由于对银行的设立、银行券的发行、业务活动的扩张，都没有相应的机构和制度进行有效的监管，当时的商业银行体系出现了很多的问题。其主要表现在：第一，一些信用较差的银行超额发行银行券，导致无法向客户兑付金属货币，干脆破产倒闭逃避债务。人们把这种银行称为"野猫"银行，因为银行券的持有者只能跑到野猫出没的深山老林里去搜寻它们。第二，银行和银行之间的票据交换与清算业务日益增长，但是没有权威、公正的清算机构提供支付清算服务。历史上，曾经有私营机构（如纽约票据交换所）尝试提供这种服务，但是缺乏公信力。第三，不断有银行破产倒闭，金融恐慌频繁发生。所谓金融恐慌，就是由于社会公众对金融机构失去了信心，担心自己的存款遭受损失，纷纷去银行提现，银行遭遇挤兑①，导致大量银行破产，金融恐慌是一种自我实现的预言。以美国为例，在美联储成立之前，金融恐慌频繁发生。其中，1893年爆发的金融恐慌中，有500多家银行倒闭，给整个金融体系和实体经济造成了严重后果。

除上面提到的银行体系的问题之外，中央银行的出现还有一个重要的历史背景，就是政府融资的需要。随着政府职能的不断强化，以及自然灾害的冲击和战争的爆发，政府财政捉襟见肘，急需从银行获得短期融资。以英国为例，英国在17世纪与荷兰三次交战，在1688—1697年又与法国进行了9年的"英法战争"，国库空虚到了饥不择食的地步。1694年成立英格兰银行的主要目的，就是协助销售英国政府发行的国债，将英国政府在几乎不间断的战争中发行的杂乱债券转换成长期债券。英格兰银行的成功被称为一场金融革命，这场革命使得人口只有法国三分之一的英格兰能够打败法国②。

综上所述，在十六七世纪的欧洲，经济社会发展客观上需要一家具有公信力的金融机构统一银行券的发行、为各个银行提供票据清算服务，并且在银行出现流动性危机的时候实施救助，规范银行的经营行为，以防止出现金融恐慌。当然，最重要的是为政府提供融资服务，实际上，世界上最早出现的中央银行——英格兰银行和瑞典银行，都是为了解决政府融资问题而建立的。

7.1.2 中央银行的创立与发展

中央银行的创立与发展，经历了一个漫长的历史阶段。最初的中央银行主要通过两条路径产生：一是由资本实力雄厚、社会信用卓越的商业银行演变而来；二是由政府出面立法直接组建。从最初的中央银行创立到现在，经历了几百年的发展，

---

① 所谓挤兑，就是大量客户同一时间到银行提取存款。由于商业银行吸收的客户存款，大部分都被用于发放贷款以赚取利润，只有很少比例以现金资产的形式留存，以备客户提现。一旦发生挤兑，银行不得不折价销售贷款等资产来应对，最终导致银行破产。挤兑具有传染性，一家银行发生挤兑会导致更普遍的银行挤兑或者更大范围的金融恐慌。
② 查尔斯·金德尔伯格.西欧金融史[M].北京：中国金融出版社，2010：85.

其整个发展历程大致可以分为初创、普及和强化三个阶段。

1. 初创阶段（1844—1913年）

在金融史中，英格兰银行被公认为世界上第一家中央银行。前面提到，它原本是一家商业银行，成立于1694年，成立之初就购买了大量政府债券，向英国政府提供资金支持。作为报答，1844年英国政府通过了《比尔条例》，从法律上确立了英格兰银行垄断货币发行的特权。1854年英格兰银行成为英国银行的票据交换中心。实际上，在成立时间和改组为国家银行的时间上，英格兰银行都比瑞典银行晚。瑞典银行成立于1656年，1661年开始发行银行券，是当时欧洲第一家发行银行券的银行。1668年政府将其收归国会所有，并对国会负责，瑞典银行开始具有某些中央银行的特征。1897年瑞典政府通过法案，取消当时28家银行拥有的货币发行权，瑞典银行垄断了货币发行，从而完成了向中央银行转型的"关键一跳"。只是瑞典银行从法律上确立垄断货币发行权的时间比英格兰银行（1844）晚53年，使得英格兰银行成为现代中央银行的鼻祖。

英格兰银行的运营模式被其他国家仿效，到1900年，主要的西方国家都设立了中央银行。这其中最具代表性的是美国的中央银行——美国联邦储备体系的建立。美国中央银行的建立经历了漫长而曲折的探求过程，最终伍德罗·威尔逊总统于1913年签署了《联邦储备法案》，奠定了美联储成立的基础，1914年美国联邦储备体系（美联储）建立。在这之前，美国曾有过两次建立中央银行的尝试，一次是1791年由亚历山大·汉密尔顿提出来建立的美国第一国民银行，另一次是1816成立的美国第二国民银行。这两次尝试先后以失败告终：美国第一国民银行在1811年被解散，1832美国第二国民银行延长经营期限的申请被安德鲁·杰克逊总统否决。有很多金融通俗读物添油加醋地把这一段历史描写得惊心动魄，并特别在美联储是一家私有的中央银行上大做文章①，其实只是为了突出阴谋论吸引大众眼球。

之所以美国中央银行的建立颇费周折，问题主要在于以 Main Street（主街，又

---

① 如曾经大火的畅销书《货币战争》，参见宋鸿兵.货币战争[M].北京：中信出版社，2007.

被译为缅因街）为代表的普通民众和以 Wall Street（华尔街）为代表的资本家之间存在重大分歧①。普通民众一方面担心权力集中；另一方面对金融业不信任，担心中央银行会成为资本家的工具，而非代表整个国家的利益，因此前两次建立央行的尝试均以失败告终。威尔逊总统尝试用另一种方式进行改进：不只在华盛顿建立一家中央银行，还在全美各大主要城市创建了 12 家联邦储备银行，华盛顿的联邦储备银行监管着整个联邦储备系统。每一家联邦储备银行都是准公共机构，其股东就是储备区内的会员商业银行。从这个意义上讲，美联储的股份确实是由私营机构持有。但是，这些所谓的"股东"既没有剩余收益索取权，也没有决策权，实际上没有任何权力，只是每年获得不超过 6% 的股息。因此，在美联储是私人的还是国有的问题上大费周章，除了故弄玄虚之外毫无意义。

2. 普及阶段（1914—1944 年）

在 1914 年至 1944 年短短的 30 年时间里，世界上主要国家先后经历了两次世界大战和经济萧条。战争和危机造成的通货膨胀与社会动荡，使各国认识到中央银行制度的重要性。1920 年，各主要国家在比利时首都布鲁塞尔召开国际金融会议，提出各国应努力保持财政收支平衡，消除通货膨胀，同时倡导各个国家尽快建立中央银行。1922 年在瑞士日内瓦展开的国际经济会议上，呼吁尚未建立中央银行的国家要尽快建立中央银行，推动了战后中央银行成立的高潮。

这一段时期，全世界改组或者建立的中央银行有 43 家，其中欧洲 16 家、美洲 15 家、亚洲 8 家、非洲 2 家、大洋洲 2 家。除数量多之外，这一时期成立的中央银行大部分都是由政府组建的，金融管理和宏观调控职能得到加强，稳定货币、治理通货膨胀成为中央银行的核心任务。

3. 强化阶段（1945 年至今）

第二次世界大战结束后，一批经济比较落后的国家获得了独立，纷纷创建自己

---

① Wall Street 的直接含义是指位于纽约金融区的一条名叫华尔街的街道，泛指包括金融、投资银行在内的美国的巨型企业，也用来指代美国富有阶层。Main Street 的直接含义是指小城镇的主街，人们在那里购物，喝咖啡聊天，参加一些庆典活动，用来指代美国平民阶层。

的中央银行。亚非新兴国家中央银行的普遍设立，使得中央银行制度在全世界范围内迅速扩展。

与此同时，欧美发达国家在第二次世界大战后对本国的中央银行进行了改组和强化，加强了政府对中央银行的控制。其主要表现在两个方面：①中央银行的国有化，如1945年法兰西银行被收为国有，1946年英格兰银行被收为国有。还有的国家中央银行虽然继续保持私有或者公私合营，但是通过法律和制度设计，保证央行的私人"股东"没有实质的权利，只能获得约定的股息。②各国纷纷制定或者完善相关法律，从立法上明确中央银行的职能和权力，保障国家对中央银行的控制权。

20世纪70年代，主要西方国家经济陷入"滞涨"[①]，凯恩斯主义"药方"失效，主张减少政府干预的货币学派和新古典主义开始占据主导地位，加上1973年布雷顿森林体系瓦解，全球开始进入信用货币时代，中央银行制度随之迈入"现代化"的发展阶段。

7.1.3 中国的中央银行

1. 清政府的中央银行

鸦片战争之后，外资银行开始进入中国。18世纪末，在中国的市场上，银圆、铜钱、银票以及外国银圆同时流通，成色不一，价值紊乱，货币流通秩序十分混乱。为了整顿币制，1904年（光绪三十年）户部奏请清政府成立户部银行，资本金400万两白银，股份由清政府和社会各界共同认购。户部银行于1905年8月在北京成立，是我国模仿西方发达国家中央银行而建立的最早的中央银行，也是官商合办的股份制银行。户部银行统一了纸币发行，同时也经营工商信贷业务，身兼中央银行和商业银行双重职能。1908年，户部银行更名为大清银行，增股600万两白银，总计资本金1 000万两白银。由于主要负责经营管理的人员多无现代金融知识，经营不善、效率低下、管理混乱，所以尽管大清银行模仿外国银行制定了较为全面的

---

① 所谓"滞涨"，简单地说，就是经济停滞、失业率高企和通货膨胀同时并存的现象。按照凯恩斯的经济理论，"滞涨"现象是没有办法解释的。

管理制度,却无可避免地走向败落。

1907年,邮传部上奏清政府:"臣部所管轮、路、邮、电四政,总以振兴实业,挽回利权为宗旨,设立银行,官商合办,名曰交通银行。"指责户部银行管理不力,要求成立交通银行。1908年3月,交通银行在北京西交民巷成立,负责发行货币和经办铁路、轮船、电报、邮政等部门的收支、信用活动,与大清银行共同分担中央银行的职能。

2. 民国时期的中央银行

1912年,中华民国成立,大清银行被迫停业。在袁世凯组建北京政府后,对大清银行进行清理,并改组为中国银行,于1912年8月开业。中国银行协助新成立的政府整顿币制,发行纸币,并经理国库。交通银行也在民国初期被改组,交通部委派袁世凯的亲信梁士诒为总经理。1914年制定的《交通银行则例》确定了其国家银行的特权,1915年10月袁世凯申令"中国、交通两银行具有国家银行的性质","该两银行应共同负责,协力图功,以符国家维护金融、更新财政之至意"。由此,中国银行和交通银行为北洋政府时期的中央银行。

1924年,蒋介石在南京成立了新的国民政府,1928年11月成立中央银行,总部设在上海,资本金2 000万元,全部由政府拨款。1935年5月,国民政府立法院通过了《中央银行法》,进一步明确了中央银行是国家银行,总行由上海迁至南京。之后,在1935年11月进行了币制改革,放弃了银本位,规定中央银行、中国银行、交通银行发行的货币为法币。1942年7月1日起,中央银行成为全国唯一的货币发行银行。抗战胜利之后,中央银行迁回上海。1949年12月,随国民党政府撤往台湾地区。

3. 新中国的中央银行

1948年12月1日,在新中国诞生的黎明,中国人民银行在石家庄宣告成立,中国金融业从此进入新的历史时期。作为新中国的中央银行,中国人民银行是在解放区的华北银行(华北解放区)、北海银行(山东解放区)、西北农民银行(陕甘宁边区)基础上合并而成的。新中国成立初期,与计划经济体制相适应,采取了"大一统"的金融制度。在1949—1984年期间,中国人民银行兼中央银行、商业银行甚至保险公司职能于一身。1983年9月,国务院发布了《国务院关于中国人民银行专门行使中央银行职能的决定》,决定中国人民银行专门行使国家中央银行的职能。1984年1月1日中国工商银行成立,接管了原来中国人民银行的全部商业银行业务。

1995年3月,第八届全国人民代表大会第三次会议通过了《中华人民共和国中国人民银行法》(以下简称《中国人民银行法》),标志着中央银行制度走向了法制化、规范化道路。2003年12月,全国人大常委会通过了《中国人民银行法修正案》,将具体的银行监管职能从中国人民银行剥离出来,转移至新成立的银行监督管理委员会(银监会)。2020年《中国人民银行法》再次修订,强化了中国人民银行制定和执行货币政策、宏观审慎政策,防范和化解金融风险,维护金融稳定的重要作用。

7.2 中央银行的使命和职能

从全球中央银行演变历史看,最初中央银行的主要任务是给政府提供融资支持,后来转为专门管理货币发行和流通,并逐步建立起通过调节货币发行量和利率维护币值稳定的现代中央银行制度。20世纪70年代经济发展出现"滞涨"之后,保障充分就业也被纳入中央银行的工作目标。2008年全球金融危机后,又强调央行要维护金融稳定和开展国际协调合作。看上去央行要管的事情越来越多,但实际上央行的使命从来没有改变过。

7.2.1 中央银行的两大使命

使命,是应尽的责任。从成立伊始,中央银行就背负着两大使命,只是在不同的时期,社会主要矛盾不同,这两大使命的表现形式也有所不同。

中央银行的第一个使命是促进宏观经济稳定,即追求经济稳定增长,避免出现大幅度波动和经济衰退,维持稳定的物价。从最早的央行向政府提供资金支持、垄断货币发行,到抑制通货膨胀、保障充分就业,其实都是在履行这一使命。在《中国人民银行法》中,这一使命体现为货币政策目标:"保持货币币值的稳定,并以此促进经济增长。"实现这一使命,中央银行最重要的工具是货币政策,在正常情况下,货币政策主要体现为对基准利率的调整。

中央银行的第二个使命是维护金融稳定,即尽可能地保证金融体系正常运作,防范和化解金融风险,尤其要尽可能防止出现第6章提到的金融恐慌和金融危机。在《中国人民银行法》中,这一使命体现为宏观审慎政策目标:"防范系统性金融风险的顺周期积累,以及跨机构、跨行业和跨市场传染,以维护金融体系的健康与稳定。"要实现这一使命,中央银行最重要的工具是宏观审慎政策,在更宽的视角下统筹各种政策,维护金融市场的稳定。

要实现这两大使命,中央银行的一切经营活动都必须围绕着自己的使命展开,将其落实到日常的经营和管理实践中,形成了货币政策和宏观审慎政策"双支柱"的金融调控框架。因此,中央银行的使命决定了其职能和职责。

7.2.2 中央银行的三大职能

中央银行的使命决定了其职能。对于中央银行的职能,有不同的表述方式,最常见的是将其概括为发行的银行、银行的银行和政府的银行。所谓发行的银行,就是指中央银行集中和垄断货币的发行权,向社会提供经济活动所需要的货币,并保证货币的正常流通;所谓银行的银行,就是指为商业银行及其他金融机构提供金融服务、支付保证,并对金融机构和金融市场实施宏观审慎监管;所谓政府的银行,就是指中央银行作为政府宏观经济管理的一个部门,由政府授权对金融业实施监督管理,对宏观经济进行调控,代表政府参与国际金融事务,并为政府提供融资、代理国库等服务。

"发行的银行、银行的银行、政府的银行"可谓对中央银行职能的经典概括,大部分金融专业教科书也沿用了这一说法。但是,对于现代中央银行而言,集中和垄断主权国家的货币发行权是其基本特征,也是央行履行其职能的前提条件。也就是说"发行的银行"是中央银行成为中央银行的前提,是不言而喻、不证自明的。

与此同时，现代中央银行越来越重视金融稳定和充分就业目标。经过多年的探索，特别是汲取 2008 年全球金融危机的经验教训，中国人民银行把自己的职能概括为：货币政策、金融稳定、金融基础服务"三位一体"。本书就按照这个逻辑概括央行的三个职能。

1. 货币政策

货币政策是各国政府干预和调节宏观经济运行最主要的政策工具之一，也是对市场经济影响力最大、影响面最广的宏观调控工具，因而成为新闻媒体关注的焦点。中央银行不以营利为目的，不受任何利益集团或者个人的控制，以促进宏观经济稳定为使命，独立地制定和执行货币政策，对一国货币和信用总量进行调控，服务于国家经济发展目标。关于货币政策的详细介绍，将在 7.4 节展开。

2. 金融稳定

金融稳定，就是"用消防水管扑灭金融恐慌之火"，即预测并预防金融危机的发生，若危机真的发生，将其损害降到最低。对于维护金融稳定，中央银行主要使用的工具是作为"最后贷款人"，为金融机构提供短期流动性支持。几个世纪以来，各国的中央银行运用这一工具平息了数次金融恐慌。

"最后贷款人"是一个名叫沃尔特·白芝浩（Walter Bagehot）的记者，在他 1873 年出版的经典著作《伦巴第街》中提出的。在书中，白芝浩对央行的职能和相应政策做了很多思考，并得出了一个论断：在金融恐慌时期，只要有资产进行担保，确保能够收回贷款，中央银行就应该大量向银行提供资金支持。这样，一旦金融机构发生流动性危机，就可以向中央银行申请贷款，中央银行作为"最后贷款人"提供资金支持，金融机构就有足够的资金兑付给储户，从而平息群体性恐慌和挤兑行为。如果没有中央银行做"最后贷款人"，那么很多金融机构就不得不倒闭。

在 2008 年金融危机中，美联储就将"最后贷款人"职责发挥到了极致。第 6 章提到过，2008 年 3 月，美联储向摩根大通提供了一笔贷款，促成了摩根大通对贝尔斯登的收购，避免了后者的破产。另一个典型的例子是向世界上最大的保险集团美国国际集团提供了 850 亿美元的贷款，使其免于破产。虽然美联储对这些大型金融机构的救助饱受争议，但是却毫无疑问符合"最后贷款人"理论。首先，向这些金融机构提供的贷款都是有抵押的，最终都能安全收回；其次，这些金融机构在金融体系中都居于重要地位，一旦破产可能会引发整个金融系统的崩溃。用当时的美联储主席伯南克的话说："我们从不认为让它们破产是个更优选择，因为整个金融体系崩溃将使我们面临格外严重的后果"，"大家会逐渐认同，如果我们在2008年至2009年初没有采取强有力的政策措施来稳定金融体系，那么大家所面临的经济情况肯定会糟糕得多。"①

3. 金融基础服务

央行金融基础服务职能体现在两个方面：牵头负责重要金融基础设施建设规划并统筹实施监管；为交易者、金融机构和金融市场提供支付清算服务。与实体经济中的基础设施（如公路、铁路等）一样，金融基础设施连接着金融体系中的各个部分，并为它们的有效运行提供便利。央行牵头负责建设的金融基础设施主要是指央行支付系统和征信系统。

央行支付系统（payment system）是一个国家或者地区对伴随着经济活动而产生的交易者之间、金融机构之间的债权债务关系进行清偿的系统。具体地讲，它是由提供支付服务的中介机构、管理货币转移的规则、实现支付指令传送及资金清算的专业技术手段共同组成的。央行支付系统看起来无影无踪，但是却是资金划转的主干道，我们的跨行转账、生活缴费、网上支付，都离不开央行支付系统的默默支撑与守护。

中国人民银行支付系统主要由四大业务系统构成：大额实时支付系统（处理单笔交易金额大的支付指令，实时清算）、小额批量支付系统（处理大量单笔交易金额低于100万元人民币的支付指令，批量、定时清算。如水电费代扣代缴业务、工资和养老金代发等都是通过小额支付系统完成的）、网上支付跨行清算系统（实现了各商业银行网上银行的互联互通）、境内外币支付系统。

---

① 伯南克. 金融本质[M]. 北京：中信出版社，2014：78.

各国央行大多都负有组织支付清算的职责。《中国人民银行法》明确规定，中国人民银行有"维护支付、清算系统的正常运行"的职责，"应当组织或者协助组织金融机构、非金融机构及其相互之间的资金清算、结算系统建设，协调金融机构、非金融机构及其相互之间的清算事项，提供资金清算、结算①服务"。

7.2.3 中央银行的职责

中央银行的职责是其职能的具体体现。职能是能做什么，即应有的作用；而职责是具体做什么事情，即应尽的责任。根据《中国人民银行法》(2020年修订草案征求意见稿)，中国人民银行履行下列职责：

（一）拟订金融业重大法律法规草案，制定审慎监管基本制度，发布与履行职责有关的命令、规章；

（二）制定和执行货币政策、信贷政策，负责宏观审慎管理；

（三）负责金融控股公司等金融集团和系统重要性金融机构基本规则制定、监测分析与并表监管，牵头交叉性金融业务的基本规则制定和监测评估；

（四）牵头负责系统性金融风险防范和处置，组织实施存款保险制度，根据授权管理存款保险基金；

（五）牵头国家金融安全工作协调机制，组织实施国家金融安全审查工作；

（六）监督管理银行间债券市场、货币市场、外汇市场、票据市场、黄金市场及上述市场有关场外衍生产品；

（七）牵头负责重要金融基础设施建设规划并统筹实施监管；

（八）制定和实施人民币汇率政策，负责人民币跨境管理；

（九）管理国家外汇管理局，实施外汇管理和跨境资金流动管理，维护国际收支平衡，持有、管理和经营国家外汇储备和黄金储备；

---

① 结算（clearing）可以理解成算账的过程。在经济生活中，由于商品买卖等，一个人往往既欠别人的钱也被别人欠钱，即既有应付债务也有应收债权。所谓结算，就是把彼此的应付债务和应收债权进行抵销并计算出差额（轧差），是清算（settlement）过程的准备阶段。清算则是以货币的转让收付，结清交易各方应收应付的差额，又称为交割（delivery）。

（十）负责金融业综合统计、调查、分析和预测；

（十一）负责金融标准化和金融科技工作，指导金融业网络安全和信息化工作，指导监督金融业关键信息基础设施安全保护工作，制定金融数据安全监管基本规则；

（十二）发行人民币，管理人民币流通；

（十三）统筹国家支付体系建设并实施监督管理；

（十四）经理国库；

（十五）牵头负责全国反洗钱和反恐怖融资工作；

（十六）管理征信业和信用评级业，推动建立社会信用体系；

（十七）制定金融消费者保护基本制度，牵头建立金融消费者保护协调机制；

（十八）作为国家的中央银行，从事有关国际金融活动，开展国际金融合作，会同其他金融监督管理部门推进金融业对外开放；

（十九）党中央、国务院规定的其他职责。

以上十九条职责，都是中国人民银行使命和职能的具体落实。

总之，不同历史时期、不同国家的中央银行，职能的侧重点有所不同，对中央银行职能和职责的概括与表述也不尽相同。2008年金融危机之后，中央银行在金融宏观调控、维护金融稳定中的地位和作用更加突出，成为"宏观政策的实施者、金融改革的推动者、金融安全的维护者、金融基础设施的建设者，以及国内外诸多金融事务的组织者和参与者"。

7.3 现代中央银行制度

金融制度是经济社会发展中重要的基础性制度，货币是金融的根基，中央银行负责调节货币总闸门。因此，现代中央银行制度是现代化国家治理体系的重要组成部分。在现代信用货币体系下，中央银行对货币管理得好，就能够发挥出货币跨时空配置资源的积极作用，促进经济持续健康发展；中央银行对货币管理得不好，不是出现货币超发导致通货膨胀和资产泡沫，就是发生信用收缩，甚至造成经济金融危机。

7.3.1 中央银行制度类型

虽然目前世界各个国家和地区基本上都实行中央银行制度,但是其类型却存在差异。从组织结构上看,大致有以下四种制度类型。

1. 单一中央银行制

单一中央银行制(unitary central bank system)是指一个国家或者地区建立单独的中央银行机构,使之全面行使中央银行职能的中央银行制度,又可分为一元式和二元式两种中央银行制度。

一元式中央银行制度是指在国内只设一家统一的中央银行,机构设置一般采用总分行制,即在一国的首都或者金融中心城市设置总行,然后再根据经济发展和宏观调控的需要在全国设置若干分支机构。一元式中央银行制度的特点是权力集中统一、职能完善、统一调控与协调能力强。目前世界上绝大多数的中央银行都实行这种体制,中国人民银行就是一元式中央银行制度。中国人民银行在北京设置总行[①],同时根据经济区划,在上海、天津、沈阳、南京、济南、武汉、广州、成都、西安等城市设置分行。

二元式中央银行制度是指在国内设立中央和地方两级相对独立的中央银行机构,地方机构有较大独立性的制度形式。中央级中央银行是金融决策机构,统一制定宏观金融政策;地方级中央银行接受中央级中央银行的监督与指导,但在本区域范围内较为独立地行使自己的职权。二元式中央银行制度与联邦制的国家政治体制相适应,目前美国、德国等联邦制国家实行此中央银行制度。美联储是由 12 个分布在美国各州的联邦储备银行组成的分散化的中央银行体系,华盛顿设置中央级金融决策机构,其他 11 家联邦储备银行也有较强的独立性,特别是纽约联邦储备银行。

---

① 2005 年 8 月,中国人民银行在上海设立上海总部,作为中国人民银行的直属机构,在总行的领导和授权下开展工作,同时履行一定的管理职能。成立上海总部,主要是围绕金融市场和金融中心的建设来加强中央银行的调节职能和服务职能,为上海国际金融中心的建设注入新的活力(摘自中国人民银行上海总部官网,https://shanghai.pbc.gov.cn/)。

2. 跨国中央银行制

跨国中央银行制（multinational central bank system）是指由若干国家联合组建一家中央银行，并由该中央银行在其成员国范围内，行使全部或者部分中央银行职能。跨国中央银行制度建立的前提条件是，成员国共同使用一种货币，并统一制定货币政策。除统一货币发行和制定货币政策之外，跨国中央银行还肩负着监督成员国金融市场和金融机构、对成员国政府进行融资等职责。跨国中央银行制的典型代表是欧洲中央银行，于1998年7月1日正式成立，总部设在德国法兰克福，是唯一有资格在欧元区发行欧元的机构。1999年1月1日，欧元正式启动。2002年7月1日，欧元正式成为欧元区各成员国的统一法定货币。除欧洲中央银行之外，跨国中央银行制还有西非货币联盟所设的"西非国家中央银行"、中非货币联盟所设的"中非国家银行"和东加勒比中央银行等。

3. 复合中央银行制

复合中央银行制（composite central bank system）是指国家不单独设立专司中央银行职能的机构，而是由一家商业银行兼职履行中央银行的职能，也就是说这家银行集中央银行职能与商业银行职能于一身。复合中央银行制度往往与中央银行初级发展阶段和国家实行计划经济体制相适应，苏联和原东欧多数国家实行复合中央银行制度，我国在1983年之前也一直实行这种中央银行制度。

4. 准中央银行制

准中央银行制（quasi-central bank system）是指没有通常完整意义上的中央银行，只是由政府授权某个或者某几个商业银行（或者设置类似中央银行的政府机构），部分行使中央银行职能。新加坡和我国香港地区是准中央银行制的典型代表。新加坡不设中央银行，由货币局发行货币，由金融管理局肩负银行业监督等职责。我国香港地区则设置金融管理局，负责港币和外汇基金的管理，对金融机构进行监督。港币由汇丰银行、渣打银行和中国银行三家商业银行共同发行。实行准中央银行制的国家和地区还有斐济、马尔代夫、莱索托、利比里亚等。

7.3.2 现代中央银行制度的特点

无论采取哪一种组织结构，中央银行的特殊地位均由国家法律规定，其业务活动受到国家法律保护。同样，也必须在国家法律规定的权力范围和业务范围内开展工作进行调控。与传统中央银行制度相比，20世纪70年代人类社会进入信用货币时代之后，现代中央银行促进宏观经济稳定和维护金融稳定的地位与作用更加重要了，具体体现在以下几方面。

1. 现代中央银行制度更加注重价格稳定

20世纪80年代以来，中央银行更加重视对通货膨胀预期的管理，部分国家和地区的中央银行从90年代开始实施通货膨胀目标制[1]，这一做法被认为帮助实现了将近20年的低通胀、高增长的"大缓和"时代。虽然近年来特别是2008年国际金融危机爆发以来，不少中央银行转向多目标制，但是价格稳定仍是中央银行的首要目标。

2. 现代中央银行制度更加注重与公众的沟通

随着公众预期对通货膨胀的影响越来越重要，多数中央银行开始向公众公开更多决策、执行程序和信息，更加充分表达对经济金融形势的看法，以稳定社会公众对通胀等经济指标的预期。在应对2008年全球金融危机过程中，美联储等中央银行还通过前瞻性指引，作出在相当长一段时间里保持低利率的承诺，进而引导公众的预期。

3. 现代中央银行制度更加强调独立性

为避免政府对中央银行的干预，越来越多的国家和地区开始改革中央银行制度，明确中央银行和财政部门、监管部门的边界。例如，1998年《英格兰银行法》修订后，英格兰银行被赋予独立制定和实施操作货币政策职权（无须经过财政部同意）。1998年欧洲中央银行成立，成为管理超主权货币的中央银行，且不接受欧盟

---

[1] 通货膨胀目标制是指中央银行直接以把通货膨胀控制在一定范围内为目标，并向社会公众公布该目标的货币政策制度。

的领导和各国政府的监督。

4.现代中央银行制度更加强调金融监管职能

2008年全球金融危机牵涉的范围很广泛,不是一家或者几家机构出现了问题,而是整个系统出现了问题。原有的监管体系是碎片化的,监管机构仅针对某一个或者某一类金融机构进行监管,缺少对整个金融系统的监管。危机之后,西方发达经济体开始重新审视中央银行职责定位和金融监管制度,纷纷强化中央银行维护金融稳定和统筹宏观审慎监管的职能。例如,2010年美国通过的《多德—弗兰克法案》,将美联储的监管职责范围扩展至所有系统重要性银行和非银行金融机构。2012年英国通过的《金融服务法》,明确在英格兰银行内部建立金融政策委员会和审慎监管局,前者负责宏观审慎政策制定、识别并防范化解系统性金融风险,后者负责对金融机构进行监管。

7.3.3 为什么不能"财政赤字货币化"

在导入故事中,各路"神仙"争论的焦点就是"财政赤字货币化"。所谓"财政赤字货币化",简而言之就是"财政花钱、央行买单",即财政扩大开支,由央行印钞来填补财政赤字。一个国家的财政预算,最后总是以某种方式平衡,按照主流的货币金融理论,财政应该通过征税的方式实现跨期预算平衡。但是,2008年金融危机之后,一种非主流理论——现代货币理论(modern monetary theory,MMT)——开始流行,该理论的核心观点是:政府是主权货币的发行者,可以通过央行创造货币来支撑政府支出,在不引发通胀的前提下,政府债务空间可以尽可能扩大。中央银行应积极配合财政,采取零利率政策,其代价就是央行的独立性越来越弱。

2020年新冠肺炎疫情突然暴发,让"财政赤字货币化"和"现代货币理论"再次站在风口浪尖上。疫情在美国愈演愈烈,美国经济自3月开始受到强烈冲击,大量企业被迫关停,失业率创下自20世纪30年代以来的最高水平。美股道琼斯指数自2月最高点29 568.57跌至3月23日最低点18 213.65,跌幅高达38.4%。

为了对冲疫情对经济的冲击、稳定金融市场，美联储先后祭出"大杀器"，不仅将利率迅速降至 0 ～ 0.25% 区间，还采取了无限量"量化宽松货币政策"[①]，甚至直接在一级市场购买美国国债，即实施"财政赤字货币化"。鉴于美元的世界货币角色，美联储"无限量印钞"释放的天量流动性，必然给各国经济和金融市场都会带来不可忽视的影响。2020 年 4 月 15 日，刘鹤副总理主持国务院金融稳定发展委员会第二十六次会议，指出"目前外部风险大于内部风险，宏观风险大于微观风险"。

无论是纾困还是抗疫，加大财政开支都至关重要。财政的钱来自哪里？在加税不可能的情况下，只能发行国债，而政府债务率（公共债务占 GDP 比例）过高，有可能引发主权债务危机。相较于出现主权债务危机，毋宁让央行印钱买国债，这就是经济学家提出实施"财政赤字货币化"的现实背景。只是，天下没有免费的午餐，央行印钞也不是没有成本的，甚至有可能，这个成本会高到经济社会无法承受。"财政赤字货币化"实际上是在透支主权货币的信用，挑战了现代中央银行制度的底线和原则，所以《中国人民银行法》明确规定："中国人民银行不得对政府财政透支，不得直接认购、包销国债和其他政府债券。"

在近代史上，"财政赤字货币化"的操作，无一不导致社会经济秩序的混乱。例如魏玛共和国在《凡尔赛合约》后为支付巨额的战争赔款，一方面对民众加重税收；另一方面发行大量的国债，通过印钞购买国债。此时，中央银行的独立性已经完全丧失。最终的结果是 1919 年至 1923 年德国发生了恶性通货膨胀，经济秩序极度混乱，人民生活在水深火热之中。近代中国也有类似的例子，1948 年 8 月，国民党政府发行的法币极度通货膨胀，无法承担货币的基本职能，于是国民党政府发行了金圆券替代法币，试图通过改革币制挽救局面。起初产生了一些效果，但是为了弥补财政赤字，国民党政府无节制地印钞，导致金圆券发行失控，无法执行货币的职能，最终不得不废除。

---

① 关于量化宽松货币政策的详细介绍参见 7.4 节。

7.4 货币政策

货币政策（monetary policy）是指中央银行为实现既定的目标运用各种工具调节货币供求，进而影响宏观经济运行的各种方针措施。货币理论认为，中央银行控制着货币供给量，而货币供求决定了利率的高低，因此，中央银行可以通过控制货币"总闸门"，控制经济走向。在经济衰退的时候，中央银行通过宽松的货币政策增加货币供给量，可以给经济打气加油；在经济过热的时候，中央银行通过紧缩的货币政策减少货币供给量，可以给经济降温减速。习近平总书记说："千招万招，管不住货币都是无用之招。"深刻地概括了中央银行制定和实施货币政策对经济发展全局的重要作用。

现代货币政策框架包括货币政策目标、货币政策工具和货币政策传导机制。打个比喻，货币政策目标是要去的远方，货币政策工具是帮助到达远方的火车、汽车或者轮船，货币政策传导机制是铁路、公路或者运河。中央银行需要创新货币政策工具体系，不断疏通货币政策传导渠道，实现货币政策目标，将这三者形成有机的整体系统。

7.4.1 货币政策目标

货币政策目标（goal of monetary policy）是指通过货币政策的制定和实施所期望达到的最终目的，是中央银行的最高行为准则。在货币政策的实践中，确定货币政策目标是首先要解决的问题。只有确定了目标，才能明确方向，才能有的放矢地选择货币政策工具。从历史上看，货币政策的目标随着经济与社会的发展变化而逐渐增加，且在不同的经济发展阶段有不同的主次。

在20世纪30年代以前的金本位时期，各国中央银行的主要目标是稳定币值。20世纪30年代经济大萧条之后，西方各国失业问题十分严重，充分就业成为货币政策的主要目标。20世纪40年代和20世纪50年代，西方国家又出现了通货膨胀，于是各国重新把稳定币值作为货币政策的主要目标。20世纪50年代后期，为了保持自身的经济实力和国际地位，欧美中央银行把经济增长确定为货币政策目标之一。伴随着 20 世纪 70 年代初发生的两次美元危机和布雷顿森林体系的解体，不少国家把国际收支平衡作为货币政策目标。20 世纪 90 年代以来，金融危机频繁爆发，使得许多国家将金融稳定作为货币政策的主要目标。

综上所述，现代中央银行的目标概括起来大概有五项：稳定币值、充分就业、经济增长、国际收支平衡、金融稳定。很遗憾的是这些目标之间往往存在着矛盾，鱼和熊掌不可兼得，如要保证充分就业，就不得不忍受较高的通货膨胀率，也就是充分就业目标和稳定币值目标是很难兼得的。所以有人说中央银行是"走钢丝"的艺术，也就是要在相互矛盾的目标之间求得平衡。根据《中国人民银行法》，人民银行以"保持货币币值的稳定，并以此促进经济增长"为货币政策目标。这意味着币值稳定是人民银行货币政策的主要目标，所谓币值稳定，就是对内保持物价稳定，对外保持人民币汇率在合理均衡水平上基本稳定。在币值稳定的前提下，兼顾经济增长目标。

7.4.2 货币政策工具

货币政策工具（instrument of monetary policy），是指中央银行为了实现货币政策目标所采用的政策手段，即实现货币政策目标所采用的工具。现代中央银行使用的传统货币政策工具主要有法定存款准备金率、再贴现政策和公开市场业务，这三大传统的货币政策工具也被称为"三大法宝"。

1. 法定存款准备金率

要理解法定存款准备金率，必须首先知道商业银行的存款准备金制度。通常，商业银行的资本金（股东投资的自有资本）占比非常少，都是靠负债（借别人的钱）来获得资金来源。在商业银行负债业务中，最重要的是吸收客户存款，存款人把自己暂时闲置的货币资金存入银行，按照合同约定获取存款利息。存款人可以随时（活期存款）或者按照约定时间（定期存款）支取自己的存款。为了盈利，商业银行把吸收的存款以相对较高的利率借给别人（贷款），赚取利息差。存款业务和贷款业务是传统商业银行最重要的业务，利息收入是传统商业银行最重要的利润来源。但是用吸收的存款往外放贷款，隐藏着相当大的风险，其中之一是期限错配，即吸收的存款往往都是短期的，发放的贷款往往都是长期的，存款到期了客户要提现，贷款又收不回来怎么办？还有一个就是不确定性，客户随时都有可能提前支取自己的存款。当客户提取存款而商业银行无法应付时，就会发生流动性风险，严重影响客户对银行的信心，消息扩散出去有可能导致银行挤兑和金融恐慌。为了规避流动性风险，各国中央银行，作为银行的银行，要求所有吸收存款的商业银行都把自己吸收的存款的一定比例，上存到中央银行，作为存款准备金。

商业银行上存中央银行的存款准备金分为两类：一类是按照中央银行规定的比例上存的法定存款准备金，这个由央行规定的法定存款准备金与存款总额的比例，就是法定存款准备率。另一类是商业银行为了进行流动性管理，多存的超过法定存款准备金部分，叫作超额存款准备金。法定存款准备金率是一种货币政策工具，中央银行通过规定和调整商业银行缴存的法定存款准备金率，控制商业银行的信用创造能力，从而间接地控制货币供应量。当中央银行提高法定存款准备金率时，商业银行一定比例超额准备金就会转化成法定存款准备金，导致商业银行"无米下炊"，放贷能力降低；相反，当中央银行降低法定存款准备金率时，就会有一定比例法定存款准备金解放出来，转换成可以自由使用的超额存款准备金，商业银行放贷能力增强。

我国的存款准备金制度始于1984年，从2004年4月25日起，中国人民银行开始实行差别法定存款准备金率，即对大银行和小银行收取不同比例的法定存款准备金。2018—2020年，人民银行连续10次下调存款准备金率。

2. 再贴现政策

再贴现政策是指中央银行通过调整自己对商业银行所持票据再贴现的利率，来影响商业银行的信用创造能力，并由此影响货币供给量的政策。再贴现政策之所以会影响商业银行发放贷款的数量，是因为再贴现率提高，商业银行从中央银行借钱的成本随之提高，它们会相应减少贷款数量；再贴现率下降，意味着商业银行从中央银行借款的成本降低，则会产生鼓励商业银行扩大贷款的作用。但是，再贴现政策的有效性是要受很多因素影响的，如在经济衰退的时候，商业银行对经济前景毫无信心，即使把再贴现率降到 0，商业银行也不会向中央银行借钱。

3. 公开市场业务

公开市场业务是指中央银行在金融市场上出售或者购入国债或者政府机构发行的债券，以影响基准利率或者货币供给量的一种政策工具。这种工具的运作过程如下：当中央银行从公开市场上买进债券的时候，就是在向社会投放基础货币，增加货币供给量；相反，当中央银行在公开市场上卖出债券的时候，就是在从社会回笼基础货币，减少货币供给量。与前面两种货币政策工具相比，公开市场业务有明显的优越性：①中央银行能够运用公开市场业务影响商业银行存款准备金，从而直接影响货币供给量；②中央银行可以根据金融市场的变化，进行经常性、连续性的操作；③由于公开市场业务的规模和方向可以灵活调整，中央银行可以对货币供给量进行微调，操作可逆，机动灵活。

随着金融创新活动的日益增多和支付技术的变化，多数中央银行主要通过公开市场操作调节基准利率，以此促进形成稳定的中长期利率，降低居民消费和企业投资的不确定性，从而达到稳定物价和促进经济稳定运行的货币政策目标。

7.4.3 非常规货币政策工具

2008 年全球金融危机之后，主要发达经济体中央银行迅速出手，采取了极度宽松的货币政策工具降低基准利率，向市场投放货币，救助金融市场和金融机构。到 2008 年 12 月，美国的基准利率——联邦基金利率降低到 0～25 个基点的范围内。1 个基点是万分之一，25 个基点就是万分之二十五，基本已经到 0，没有再下调的空间了。也就是说，传统的货币政策工具已经用尽了。但是，美国经济仍然在急剧衰退，于是美联储转向非常规货币政策，主要包括零利率或者负利率政策，以及大规模购买国债等资产的量化宽松（quantitative easing，QE）货币政策。

量化宽松货币政策，是指美联储大规模从金融市场上购买有价证券（国债和有政府担保的企业债券）。其目的是降低长期利率，如 10 年期的国债利率和企业债券利率。一般认为，美联储主要的大规模资产购买计划有三轮：第一轮自 2009 年

3月开始实施,被称为QE1,美联储收购3 000亿美元长期美国国债、7 500亿美元抵押贷款支持证券,以及1 750亿美元机构证券;第二轮自2010年11月开始实施,被称为QE2,美联储在8个月内购买美国国债6 000亿美元;第三轮自2012年9月开始实施,被称为QE3,美联储每个月购买850亿美元债券,从2014年11月开始退出。

为什么美联储要大规模购买资产呢?因为当美联储大规模购买国债或者有政府担保的企业债券时,市场中这些债券的供给就少了,如果投资者(机构或者个人)想投资这些债券,就不得不接受较低的利率。这样,美联储就可以降低市场长期利率。通常,较低的市场利率能够刺激经济增长,创造更多的就业机会。此外,当美联储大量购买国债时,就减少了其他投资者可以购买的国债的数量,从而迫使他们转而购买股票等其他资产。这样一来,就会推高其他资产的价格。

在金融危机的时候,采取非常规货币政策是无奈之举,用伯南克的话说:"如果我们今天不做这件事情,到周一也许美国经济已经不复存在了。"以量化宽松为代表的非常规货币政策,向世界表明了即使在短期利率为零的时候,中央银行仍然可以影响宏观经济。但是,随着长期利率越来越低,货币政策的操作空间越来越小,传统货币金融理论失效了。于是,主要经济体又把经济刺激政策的重心转向财政政策,通过政府加杠杆扩大财政开支的办法来救助企业和个人,其中一个重要的结果就是财政赤字增加,而弥补赤字的方法是发行国债。以美国为例,过去十年,其公共债务屡创新高,特朗普上台之后,实施了大规模的减税政策,同时大幅度提高军费支出,财政赤字越滚越大。最近10余年来,由公众持有的美国政府债务总量从2007年的9万亿美元上升到2019年的22万亿美元,已经超过美国GDP。如果美国债务持续攀升,每年到期债务和利息就将消耗完全部的财政收入。

这给我们一种错觉,似乎政府的宏观调控政策(主要是货币政策和财政政策)具有无限的空间和无穷的法力。实际上经济有其自身的运行规律,宏观调控政策会影响经济的运行周期,但是却无法改变经济的走向。货币政策虽然是强有力的工具,但是无法解决经济发展中存在的所有问题。尤其需要提及的是,货币政策往往需要和其他类型的政策——如财政政策、房地产政策等——配合使用。

许倬云说:"时间最长的是文化,更长的是自然,最短的是人。比人稍微长一点的是政治,比政治稍微长一点的是经济,比经济稍微长一点的是社会,然后是人类文化,再然后是自然。"按照这个逻辑,解决政治问题,需要着眼于经济层面;解决经济问题,需要着眼于社会层面;而解决社会问题,需要着眼于文化层面。中央银行不是万能的,作为一个特殊的政府机构,其使命就是维护宏观经济稳定和金融稳定。中央银行实现这一使命,需要行动的勇气,更需要智慧。

 本章小结

作为现代金融体系核心的中央银行,是一国最重要的金融管理当局和宏观经济调控部门。中央银行制度起源于17世纪的欧洲,是经济社会发展到一定阶段的客观必然。中央银行制度的创立与发展,经历了一个漫长的历史阶段,其整个发展历程大致可以分为初创、普及和强化三个阶段。最初的中央银行主要通过两条路径产生:一是由资本实力雄厚、社会信用卓越的商业银行演变而来;二是由政府出面立法直接组建。

从成立伊始,中央银行就背负着两大使命,在不同时期,社会主要矛盾不同,这两大使命的表现形式也有所不同。中央银行的第一个使命是促进宏观经济稳定,即追求经济稳定增长,避免出现大幅度波动和经济衰退,维持稳定的物价;第二个使命是维护金融稳定,即尽可能地保证金融体系正常运作,防范和化解金融风险。中央银行的使命决定了其职能。对于中央银行的职能,有不同的表述方式,最常见的是将其概括为发行的银行、银行的银行和政府的银行。也可以概括为:货币政策、金融稳定、金融基础服务"三位一体"。中央银行的职责是其职能的具体体现。

现代中央银行制度是现代化国家治理体系的重要组成部分。在现代信用货币体系下,中央银行对货币管理得好,就能够发挥出货币跨时空配置资源的积极作用,促进经济持续健康发展;中央银行对货币管理得不好,不是出现货币超发导致通货膨胀和资产泡沫，就是发生信用收缩，甚至造成经济金融危机。从组织结构上看，目前世界各个国家和地区的中央银行制度大致有四种制度类型：单一中央银行制、跨国中央银行制、复合中央银行制、准中央银行制。现代中央银行制度更加重视价格稳定和与公众的沟通，也更加强调央行的独立性和监管职能。所谓"财政赤字货币化"，指财政扩大开支，由央行印钞来填补财政赤字。其本质是在透支主权货币的信用，挑战了现代中央银行制度的原则和底线。

货币政策是指中央银行为实现既定的目标运用各种工具调节货币供求，进而影响宏观经济运行的各种方针措施。现代货币政策框架包括货币政策目标、货币政策工具和货币政策传导机制。货币政策目标指通过货币政策的制定和实施所期望达到的最终目的，是中央银行的最高行为准则。现代中央银行的目标概括起来大概有五项：稳定币值、充分就业、经济增长、国际收支平衡、金融稳定。货币政策工具是中央银行为了实现货币政策目标所采用的政策手段，现代中央银行使用的传统货币政策工具主要有法定存款准备金率、再贴现政策和公开市场业务，这三大传统的货币政策工具也被称为"三大法宝"。

问题讨论

1. 什么是货币政策？货币政策的框架是由什么构成的？
2. 现代中央银行的使命是什么？如何理解中央银行使命和职能之间的关系？
3. 有学者认为未来社会可以没有中央银行，你同意这一观点吗？为什么？
4. 现代中央银行制度按照组织类型可以分为哪几类？试举例说明。
5. 什么是"财政赤字货币化"？你认同"财政赤字货币化"吗？

即测即评

请扫描右侧二维码，进行即测即评。

第 8 章
疫情带来的金融课

> 这将会是两个世界——新冠之前（Before Corona）的世界和新冠之后（After Corona）的世界。
>
> ——托马斯·弗里德曼

思维导图

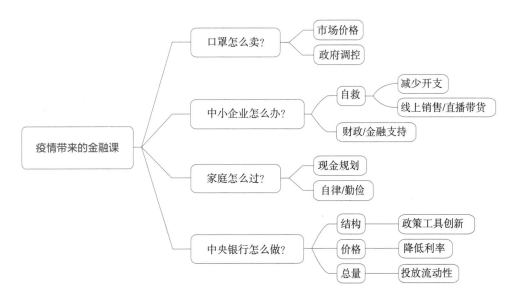

导入故事:"发国难财"应该被赞美吗

疫情暴发之后,口罩成为最紧俏的商品,举国上下,一罩难求。一些不法商贩趁此机会哄抬口罩价格,在淘宝上一盒30只装的N95口罩,卖到了796元。微商中,甚至出现了以拼团到国外购买口罩为幌子的集资行为,其套路是:先宣称找到货源,但是订单要求数量较大,因此发动大家拼团。交了钱之后,就找各种理由延迟发货。然后这些微商等大批口罩上市,再低价买入,牟取差价。

2020年1月22日,《环球时报》的总编辑胡锡进在自己的微博上发声:"什么叫'发国难财'?现在把口罩卖高价就是的。新型肺炎向我们猖狂进攻的关头,检验着我们的人性。这个时候会浮现很多美好、高尚和温情的东西,同时人性中的灰暗、脏兮兮的那些劣根性也会趁机跑出来凑热闹。强烈呼吁国家严厉打击给口罩提价的所有奸商,罚数倍于他们所赚黑利的钱,甚至封他们的渠道,关他们的店。这不仅仅是一点钱的事,中国不能纵容这种肮脏的商业价值取向,不能让它玷污了中国的民族精神。"

有好事者把网红经济学家薛兆丰在网上售卖的经济学课程里的授课内容摘出来,反驳胡锡进:"我们应该赞美那些发国难财的人。国难是那个发财的人造成的吗?如果不是,那么发国难财其实是帮了别人,是给别人多了一个选择而已。"

薛兆丰甚至引用诺贝尔经济学奖获得者米尔顿·弗里德曼的话说:"这些发国难财的人,是在救别人的命,他们应该得到一个奖章,而不是惩罚。阻止一些人发国难财的直接后果,是让那些遭受灾害的人处境变得更糟。"① 最后,薛兆丰总结道:"价格不是请客吃饭,价格永远起调节的作用。那些发国难财的人,他们本身的行为就能提供更多的供给,缓解供求关系,使得商品价格下降。商业才是最大的慈善。"

---

① 弗里德曼的这段话是在评论在自然灾害(飓风破坏了小镇的电力系统)之后有人以两倍的价格贩卖发电机的行为,用的英文原文是"price gouging",应译作"哄抬物价",翻译成"发国难财"似有不妥。

其实这一点不奇怪，薛兆丰一直秉持这个观点，认为世界上根本不存在所谓的“慈善”。在 2006 年 8 月 1 日的英国《金融时报》中文网上，薛兆丰撰文称：“我认为‘最完美’的行善方式，是把要捐赠的物品、精力或存款，全部折成现金，如人民币或美元，再挖个坑，点把火，把它们烧成灰烬。”如图 8-1 所示。

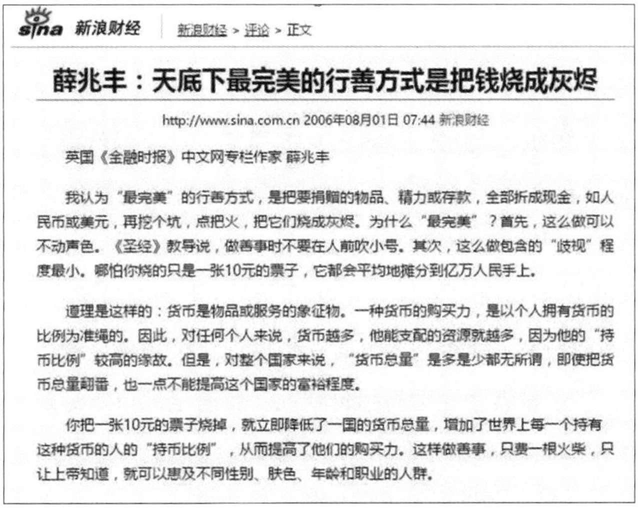

新浪财经 新浪财经 > 评论 > 正文

薛兆丰：天底下最完美的行善方式是把钱烧成灰烬

http://www.sina.com.cn 2006年08月01日 07:44 新浪财经

英国《金融时报》中文网专栏作家 薛兆丰

我认为“最完美”的行善方式，是把要捐赠的物品、精力或存款，全部折成现金，如人民币或美元，再挖个坑，点把火，把它们烧成灰烬。为什么“最完美”？首先，这么做可以不动声色。《圣经》教导说，做善事时不要在人前吹小号。其次，这么做包含的“歧视”程度最小。哪怕你烧的只是一张10元的票子，它都会平均地摊分到亿万人民手上。

道理是这样的：货币是物品或服务的象征物。一种货币的购买力，是以个人拥有货币的比例为准绳的。因此，对任何个人来说，货币越多，他能支配的资源就越多，因为他的“持币比例”较高的缘故。但是，对整个国家来说，“货币总量”是多是少都无所谓，即使把货币总量翻番，也一点不能提高这个国家的富裕程度。

你把一张10元的票子烧掉，就立即降低了一国的货币总量，增加了世界上每一个持有这种货币的人的“持币比例”，从而提高了他们的购买力。这样做善事，只要一根火柴，只让上帝知道，就可以惠及不同性别、肤色、年龄和职业的人群。

图 8-1 薛兆丰：天底下最完美的行善方式是把钱烧成灰烬

在举国上下团结一心抗击疫情，涌现出许许多多感人至深的事迹的时候，这位网红经济学家刺耳的声音的确很容易引起人们的生理不适。那么，“发国难财”到底该不该被赞美呢？

8.1 疫情中口罩应该怎么卖

2020 年初暴发的新冠肺炎疫情，是 21 世纪最重大的全球事件，百年未遇的大变局在每个人眼前展开。在导入故事里，我们展示了对疫情中抬高口罩价格的行为存在的认识分歧。那么，疫情之中，口罩应该怎么卖？

8.1.1 看不见的手 VS 看得见的手

我国香港特区政府信奉自由市场"看不见的手",坚持"经济自由、放任自流、市场万能"。毫不奇怪,香港出现了口罩大幅度涨价的现象。香港湾仔一家药房将原价50港币一包的口罩抬价到400港币。值得注意的是,即便在"自由市场"的香港,也有一些商家坚持口罩不涨价,采取配给制限购方式,平价卖给市民。香港市民每天一大早就去排队买口罩,队伍长达几百米。于是就出现了这样的情况:一方面天价口罩少有人问津,另一方面平价口罩排着长长的队伍。我们第1章讲过人类社会对稀缺资源的配置方式,"看不见的手"——市场价格是一种,排队也是一种。有趣的是,在疫情期间的香港,口罩这种稀缺资源配置,排队和市场价格都在起作用。

有部分香港市民和知识阶层开始反思所谓的"市场原教旨主义"。一份颇有影响力的香港报纸呼吁道:"目前香港市面一盒口罩竟可炒高至近千元,早已超越所谓'合理利润',当中显然存在囤积抬价情况。目前全球口罩短缺程度之严重,光靠所谓自由市场调节实难解决问题。当局必须摆脱官僚僵化思维、抛开自由市场意识形态包袱,敢于合理管理口罩等重要抗疫战略物资。"

在中国内地,政府出台了三条强有力的措施:①千方百计恢复口罩产能。②对口罩生产企业给予兜底式采购的承诺。③严厉打击囤积居奇、发国难财的行为。干净利落地用"看得见的手"调控口罩的生产和销售。

大批的生产口罩和防护服的工厂火线开工,加班加点生产。这些口罩大部分配给到抗疫一线,医护人员是最需要口罩和防护服的。以京东为代表的电商巨头,也采取网上预约的形式销售平价口罩,但是供需的缺口仍然很大,很多人还是买不到口罩。绝大部分的线下和线上的商家都坚持平价售卖,中国两大电商巨头京东和淘宝,直接声明私自涨价的商户将会被解除合约。

这其中发生了一件引起相当大争议的事情。2020年2月5日,湖北省洪湖市市场监管局对华康大药房哄抬口罩价格的行为进行了查处,该药房将38 000个采购价格0.6元/只的口罩，以1元/只的价格销售。其购销差价额高过《湖北省市场监管局关于新型冠状病毒感染的肺炎防控期间有关价格违法行为认定与处理的指导意见》（鄂市监竞争〔2020〕3号）文件规定的15%标准，涉嫌哄抬价格。最后该药房被没收违法所得14 210元，还被处以3倍罚款42 630元。这件事情引起了普遍的关注和争议，大部分网民质疑市场监管部门的行为有些过分了。这也提示政府在对市场进行调控时应充分综合考虑市场因素，平衡各方面利益。

出乎意料的是，破解口罩市场供给严重不足难题的居然是"两桶油"和汽车生产商。先是中石化公开抛出橄榄枝："我有熔喷布，谁有口罩机？"接着，上汽通用五菱仅用三天时间就实现口罩下线。2020年2月15日的《新闻联播》用了足足1分钟时间来报道这件事。上汽通用五菱再接再厉，仅用了76个小时，广西第一台全自动化"五菱牌"口罩机正式下线。真正地做到了"人民需要什么，五菱就造什么"。比亚迪等汽车生产商纷纷跟进，一时间口罩机生产能力大幅度提升，大量的中小企业开始抢购口罩机生产口罩，从根本上解决了口罩市场供给短缺的问题。

8.1.2 关于口罩的经济学和社会学解释

在第1章，我们知道在经济学里有三个最基本的假设：第一个假设是这个世界上资源都是稀缺的，既然是稀缺的就必然存在竞争。资源怎么分配才有效率，是经济学要研究的一个核心问题。在经济学看来，在自由市场上用价格信号来进行资源配置，是效率最高的方式。我们前面也知道，市场机制不是唯一的资源配置方式。第二个假设就是每个人都是理性的，每个人都会精明地权衡利弊，作出正确的决策。第三个假设是与理性人息息相关的，人是完全自利的，都会去想尽一切办法让自己的利益最大化，用经济学的术语，就是效用最大化。这个效用体现为物质利益。

疫情突然暴发，从经济学角度看一定会产生口罩供给不足，按照经济学经典理论，通过价格手段调整供需关系，当口罩需求远远大于供给的时候，必然会涨价。口罩涨价可以激发厂商生产口罩的热情，产能上来了，口罩价格自然就会降下来。相反，政府不正当的干预，会造成口罩的长期短缺。

但是，在这次疫情中，我们看到这样三个事实：①政府的管控卓有成效，2020年2月13日，国家发改委在新闻发布会上表示，截止到2月11日，全国口罩产能利用率已经达到94%，一线急需的医用口罩，产能利用率已经达到了128%；②即便在香港这样信奉"自由市场"的地区，也有部分商家自觉自愿地坚持不涨价；③以上汽通用五菱为代表的制造业巨头跨界生产口罩机，大量的中小企业转行生产平价口罩，虽然并没有抓住时机发一笔横财，但是也获得了合理的利润。这些都是新古典经济学无法解释的。

现在，我们来分析一下，经济学分析框架的问题出在哪里了。

首先，在疫情泛滥的社会公共危机中，最需要口罩的人是那些最可能感染病毒，并造成病毒扩散的人，如医护人员、外卖小哥、警察、出租车司机等，而不是有钱人。当前者的口罩供应有了保证，那么没有感染病毒的富人也就不需要口罩了；相反如果前者得不到口罩，有钱的人买多少口罩都无济于事。所以，这时候市场机制不是最有效率的，也就是发生了"市场失灵"——价格信号失灵并已经不能起作用。一旦经济问题变成社会问题甚至政治问题，那些"看不见的手""自我调节""资源有效配置"就都变成了纸上谈兵。如果政府放任口罩涨价，结果必然是大部分需要口罩的人群和企业承受不起，其结果就是疫情无法有效控制、不能及时复工，甚至导致疫情大暴发。

其次，市场、政府及文化（通常表现为道德规范）是经济和社会调节的三种力量。文化力量是超越市场与政府的，介于"看得见的手"和"看不见的手"之间不可或缺、不可替代的重要力量。在危机时，企业和个人的行为，不是在市场领域发生的，而是在社会规范领域发生的，受文化的支配。在中国文化的语境中，趁火打劫大赚一笔是乘人之危的"不义之财"，为君子所不齿。这时候，人不是一个冷冰冰的"经济人"，而是一个有血有肉有情感有温度的真实的"社会人"。经济学站在个体的角度去作出评判，而道德站在社会整体的角度去作出评判，当然唾弃"发国难财"的行为，因为最后伤害了社会整体利益。

最后，经济学认为涨价意味着旺盛的需求，会引导厂商扩大生产，这是正确的。

但价格不是唯一的信号，有些时候，即便没有高价，只要能保证正常利润，厂商同样会生产。例如，这次疫情中跨界生产口罩机和口罩的厂家，显然不完全是为了赚取超额利润，等到疫情结束之后，它们肯定还是会回到本行，该生产汽车的生产汽车，该生产内衣的生产内衣。"人民需要什么就生产什么"，一方面可以在特殊时期找到新的盈利方式，另一方面显示了企业的使命和担当，为企业积累良好的社会资本，对企业的长期发展是有利的。所以说，激励商业行为的不仅有眼前的利润，还有社会责任和荣誉感。

总之，我国口罩短缺问题最终的解决，是政府"看得见的手"和市场"看不见的手"通力配合的结果。政府"看得见的手"的强大，既体现在经济正常运行的时候通过法治化建设维护市场秩序和规则，又体现在出现重大公共危机的时候以体制的优势来应对。这次新冠疫情，也很清晰地显示出个人和厂商的行为不是只受经济学规律支配的。如果这个世界只有经济学，那些危难时刻不计报酬、无惧生死、挺身而出的医护人员就无法解释了。支配我们行为的，除了利益，还有道德、信念，以及对同类不可遏制的同情和爱。

8.2 中小企业和个人的"压力测试"

8.2.1 比"非典"时期更严峻的考验

此次疫情发生在我国经济增速下行压力较大的时期，各主要行业的债务负担普遍高于 2003 年"非典"时期。同时，企业所处的内外部环境也迥异于 2003 年。首先，受中美贸易战和全球经济下行的影响，企业所处的国际环境已经大不相同；其次，第三产业在 GDP 构成中的占比较 2003 年提高了近 12 个百分点，成为在 GDP 中占比最高的部门（表 8-1），而疫情冲击最大的恰恰是第三产业；最后，2003 年由房改带来的房地产爆发式增长刚刚开始，房地产被列为支柱产业，投资对 GDP 的贡献率达到 70%（表 8-2）。2019 年则强调"房住不炒"，疫情过后不大可能通过房地产业来拉动经济增长，主要靠消费拉动经济增长，而疫情对消费的影响是非常明显的。

表 8-1　2003 年与 2019 年经济增长结构比较　　　　　　　　　　%

产业	对 GDP 增长贡献率		GDP 构成		GDP 增速	
	2003 年	2019 年	2003 年	2019 年	2003 年	2019 年
第一产业	3.1	3.8	12.35	7.11	2.4	3.1
第二产业	57.9	36.8	45.62	38.97	12.7	5.7
第三产业	39	59.4	42.03	53.92	9.5	6.9

资料来源：盛松成，龙玉. 抗"疫"之时也要重视经济薄弱环节，帮助中小企业 [EB/OL]. 微信公众号"中欧国际工商学院"，[2020-02-02].

表 8-2　2003 年与 2019 年三大需求对 GDP 的贡献率和拉动率比较　　　　　%

	对 GDP 增长贡献率		对 GDP 增速拉动率	
	2003 年	2019 年	2003 年	2019 年
最终消费支出	35.4	57.8	3.6	3.5
资本形成总额	70	31.2	7	1.9
货物和服务净出口	−5.4	11	−0.6	0.7
GDP 增速			10	6.1

资料来源：盛松成，龙玉. 抗"疫"之时也要重视经济薄弱环节，帮助中小企业 [EB/OL]. 微信公众号"中欧国际工商学院"，[2020-02-02].

在经历了一季度艰难的开局后，2020 年 4 月的中央政治局会议要求加大"六稳"（稳就业、稳金融、稳外贸、稳外资、稳投资、稳预期）工作力度，提出了"保居民就业、保基本民生、保市场主体、保粮食能源安全、保产业链供应链稳定、保基层运转"的"六保"新任务。根据国家统计局公布的数据，2020 年国内生产总值 1 015 986 亿元，按可比价格计算，比上年增长 2.3%。分季度看，一季度为 −6.8%，二季度为 3.2%，三季度为 4.9%，四季度为 6.5%，展现出我国经济发展的强大韧性。除批发和零售业、住宿和餐饮业、租赁和商务服务业外，其他行业均实现正增长。其中，信息传输、软件和信息技术服务业增加值增速为 16.9%，实现两位数增长；金融业增加值增速为 7.0%，比 2019 年提高 0.4 个百分点。这两个行业对经济增长的贡献率合计达到 54.1%，有力地支撑了经济较快恢复。

8.2.2 中小企业面临大考大关

2020年2月,清华大学、北京大学联合调研了995家中小企业,结果显示34%的企业账上的现金只能维持1个月,33.1%的企业可以维持2个月,17.91%的企业可维持3个月。也就是说85.01%的企业最多维持3个月。

与此同时,根据清华大学经管学院对我国212家大中型民营企业(其中114家上市公司)的疫情影响调研结果,认为现金流能维持在6个月以上的占41.98%,3~6个月的占34.91%,合计超过七成,但不可忽视的是仍有23.11%的被访企业现金流将在3个月内枯竭。由上面两组数据的对比可知,中小企业是这次疫情最大的受害者。

最先在网上公开求救的是餐饮业巨头西贝莜面村。西贝创始人贾国龙2020年2月1日在投中网上呼救:"疫情致2万多员工待业,贷款发工资也只能撑3个月。"在公开求救后,西贝获得浦发银行4.3亿元的授信,西贝的合作伙伴也预付5 000万元,买了西贝的餐券以表支持。不过,也不是所有的民营企业都认为国家应该出手相救,福耀玻璃的创始人曹德旺就公开发话:"挨不过3个月是你自己的事情,企业必须自救。我坚决反对这个时候企业家向国家提要求。""现在全球经济形势都不好,中国经济很多的问题还没有解决,我做好了和这个国家一起过苦日子的准备。"

更多的企业投入积极自救,减少不必要的开支,控制现金流出。例如,从深圳起家的"木屋烧烤"在疫情期间坚持营业,但是营业额不及此前的20%,一个月亏损5 000万元左右,面临生死存亡关口。2月初"木屋烧烤"华北地区财务总监胡玉兰给创始人隋政军发了一条微信:"需要的话,自愿工资减半。"随后,4 000多名全职员工在高管自愿请愿的影响下,纷纷签署请愿书,自愿减薪一半,薪酬支出从2 700万元迅速下降到950万元,企业又可以活下去了。还有些企业积极转为线上销售、直播带货,或者通过电商巨头实现线上销售。例如山西太原的美特好集团,采用线下直营和线上配送相结合的方式,把这次危机转成了大大的商机。

2020年4月24日,格力电器的董明珠在抖音开启了直播首秀,但遭遇卡顿问题,导致直播"翻车"。6月1日,董明珠第四次直播带货,格力也首次启动"新零售"模式,联动线下3万家格力经销商门店开启线上直播,一举创下了超65亿元的最高销售额和最长的直播时间。危中见机者,必将率先拥抱生机。

2020年2月9日,工业和信息化部印发了《工业和信息化部关于应对新型冠状病毒肺炎疫情帮助中小企业复工复产共渡难关有关工作的通知》,明确将全力保障中小企业有序复工复产。各部门要统筹协调,进一步加强对中小企业的财政扶持、金融扶持、创新支持和公共服务,帮助广大中小企业坚定信心,实现有序复工复产,渡过难关。在这之后,万达集团主动给万达商场的签约商户减免租金,阿里巴巴也出台了扶持淘宝商家的措施。

失之东隅,收之桑榆。疫情带动线上购物、直播带货、网上外卖等新消费模式强势增长,信息服务、电商、物流等行业增长强劲。2020年实物商品网上零售额比上年增长14.8%,高于社会消费品零售总额增速18.7个百分点,占社会消费品零售总额的比重为24.9%;快递服务企业业务量累计完成833.6亿件,比上年增长31.2%。在线办公、在线教育、远程问诊等新消费需求持续旺盛,1—11月,全国移动互联网累计流量达1 495.0亿GB,同比增长35.1%;规模以上互联网和相关服务、软件和信息技术服务业企业营业收入同比分别增长20.7%和15.7%。

8.2.3 家庭的现金规划

这次疫情,不仅是一些中小企业熬不过去,也让一些家庭马上陷入困顿。这些陷入经济困境的家庭大致分三种情况:第一种是低收入家庭,本来日子就过得捉襟见肘,没有任何积蓄;第二种是收入尚可,但是没有理财意识,几乎没有积蓄;第三种就是收入不错,但是热衷于提前消费,"花明天的钱圆今天的梦",有房贷、车贷,信用卡透支,还款压力很大。对于第一种家庭,应该给予有针对性的帮扶和救助;而第二种、第三种家庭,应该学习一些家庭现金规划的基本金融知识。

根据中国人民银行和国家统计局的统计数字,从2010年之后,住户部门(由城镇住户和农村住户构成，包含个体经营户）的杠杆率[①]持续攀升，到 2019 年末已经达到 65%，2020 年达到 72.5%（图 8-2）。2020 年末个人住房贷款规模为 40.72 万亿，占住户部门债务总规模的 55.3%，占可支配收入的比重已升至 66.8%（图 8-3）。

图 8-2　住户部门债务余额与杠杆率

资料来源：张涛. 当前我国住户部门债务的风险点与应对 [EB/OL]. 微信公众号"金融四十人论坛" [2021-07-12]

图 8-3　住户部门住房贷款增长情况

资料来源：张涛. 当前我国住户部门债务的风险点与应对 [EB/OL]. 微信公众号"金融四十人论坛" [2021-07-12]

---

① 住户部门杠杆率为住户部门债务余额与 GDP 比值，住户部门债务包括住户贷款、个人委托贷款（含住房公积金贷款）、个人融资融券等。

现金规划是指对家庭或者个人日常的现金及活期存款进行管理。其目的是确保有足够的资金来支付计划中和计划外的支出，并且将消费支出控制在预算限制之内。一般而言，我们对每一期的收入（如工资）应该做一个大致规划。首先，必须留出足够的现金，满足必需的生活支出，主要包括日常生活支出、已经购买的保险产品的保险金、贷款月供等。其次，需要留出一部分钱作为应急准备金，应付意外、疾病或者临时性的支出。这部分应急准备金可以购买货币市场基金（微信钱包的零钱通和余额宝就是货币市场基金），或者存银行活期存款。最后，扣除了必需生活支出和应急准备金之后，如果还有剩余的钱，可以进行投资或者购买保险。当然，也可以进行一些高档消费，但是一定要控制在自己的预算范围内，对那些奢华、浮躁、攀比性的消费，要慎而又慎。

其实，中国传统文化具有很强的忧患意识和高度自律的品质，用周恩来总理的话说："克勤克俭是我国人民的优良传统。"咱们老祖宗传下来许多古训，都是在教育我们要自律，不要寅吃卯粮。如"吃不穷，用不穷，算计不够一世穷""常将有日思无日，莫待无时思有时""财有限，费用无穷，当量入为出"（《颜氏家训》），"天下之事，常成于勤俭而败于奢靡"（陆游）等。自律的实质，不是束缚人，而是解放人，把人从底层的痛苦与挣扎中解放出来。真正的自由，需经过严格的自律才能达到，低级的自由，人人皆可以拥有，放纵即可。这次疫情，给很多家庭上了一堂深刻的理财课，告诉我们艰苦奋斗、勤俭节约永不过时。

8.3 守正出奇："央妈"发力支持疫情防控

为了应对疫情对经济的冲击，美联储采取了"无限量量化宽松货币政策"[①]，甚至不惜直接在一级市场购买国债。根据 2020 年 4 月 22 日美联储公布的数据，美联储的资产负债表规模创出了新的纪录，达到了 6.62 万亿美元，而这一规模相当于

---

① 关于量化宽松货币政策详见第 7 章。

疫情前美国 GDP 的近三成，无论从绝对额还是从相对值看，都超过了 2008 年金融危机时的峰值 4.55 万亿美元（2015 年 10 月 14 日）和 25.9%（2014 年末）。处在风暴中心的中国人民银行，既没有受欧美日央行的影响，采取"大水漫灌"的极度宽松的货币政策；更没有"财政赤字货币化"，直接购买政府债券，而是仍然坚持稳中求进的工作总基调，坚守既定的原则和节奏，走得扎实而稳健。

8.3.1 出拳要快，力度要大

在疫情暴发之后，央行在第一时间出手，可谓做到了"出拳要快，力度要大"。春节前，央行向武汉紧急调拨了 40 亿元人民币的现钞，加大对医院等疫情防控关键单位的现金供应；春节期间，金融服务从未中断；疫情期间，银行网点、运钞人员等很多有危险性的工种都在继续；2020 年 1 月 31 日，央行向 9 家全国性银行和湖北等地的部分法人银行提供设立 3 000 亿元专项再贷款，支持金融机构向疫情防控重点企业提供优惠利率贷款。一些生产应对疫情使用的医用防护服、口罩等重要物资的企业最快在一两天内便可以获得贷款资金。综合实施低成本贷款利率和财政部贴息政策[①] 后，列入名单的重点企业实际融资成本不高于 1.6%。

同日，中国人民银行联合财政部、银保监会、证监会、外管局五个部门，出台了金融支持疫情防控的 30 条措施。明确提出要运用结构性货币政策工具（即针对某些企业、行业、产业采取的有针对性的货币政策工具，具有精准滴灌作用，如定向再贷款、再贴现、定向贷款便利、定向降准等）加大对中小企业的流动性支持，并增加对中小企业的贷款发放，对于受疫情影响较大的批发零售、住宿餐饮、物流运输、文化旅游等行业的中小企业，不得盲目抽贷、断贷、压贷、罚息，可予以展期或者续贷。

2020 年 2 月 3 日是春节小长假结束后第一天开市的日子。在 A 股春节假期休市期间，国际市场对疫情反应较为激烈，亚太股市整体疲软，国内市场普遍预测开

---

① 根据中央银行的规定，商业银行向疫情防控重点企业提供的贷款，利率上限是一年期 LPR 减 100 基点，然后财政再贴息 50%，最后企业获得贷款的实际利率不会超过 1.6%。

市首日会大幅度下跌。证监会经过综合评估、权衡利弊,决定2月3日正常开市,这是对市场规律和交易规则的尊重,也体现了货币当局对稳定市场的自信。央行在2月3日和4日超预期开展公开市场操作,累计投放流动性1.7万亿元稳定市场预期,7天和14天逆回购中标利率均较前期下降了10个基点,分别至2.4%和2.55%。A股在经历了短暂的大幅下跌之后,快速企稳回升。

为了降低中小企业的融资成本,人民银行继续通过公开市场业务引导逆回购利率、MLF(中期贷款便利)利率和LPR先后各下降10个基点,带动整体市场利率下行。总之,2020第一季度"央妈"支持疫情防控的主要举措如图8-4所示。实践证明,货币政策既可以发挥总量调节功能,也可以在支持经济结构调整和转型方面发挥重要作用。

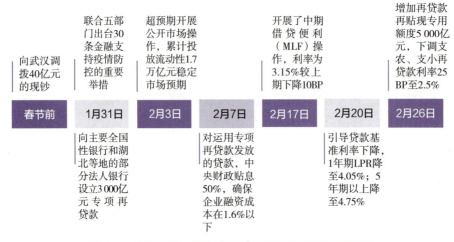

图8-4　2020年第一季度"央妈"支持疫情防控的主要举措

这些举措主要集中在三个方面:一是保证市场流动性供给,稳定市场情绪;二是利用结构性金融工具,全力支持生产医用物品和生活必需品的企业加班加点生产;三是降低融资成本,多种渠道帮助中小企业和民营企业抗击疫情,渡过难关,促进经济系统健康运转。

8.3.2 "四面"发力，成效明显

中国人民银行行长易纲把这一段时间央行支持疫情防控和经济社会发展的措施总结为四个方面：①总量上，加大总量货币信贷支持。②价格上，引导降低贷款利率。③结构上，推动优化信贷投向结构。④政策配合上，强化政策协调联动。

具体地说：①总量上，2018年以来，人民银行12次降准（2018年4次降准，释放3.65万亿元，2019年5次降准，释放2.7万亿元，2020年1—5月3次降准，释放2.7万亿元），加大公开市场操作力度，增加再贴现、再贷款，超预期投放流动性。②价格上，引导公开市场逆回购操作利率、中期贷款便利利率、贷款市场报价利率分别下行，并启动存量浮动利率贷款定价基准转换，推动降低存量贷款利率。③结构上，推出3 000亿元专项优惠再贷款，1.5万亿普惠性再贷款、再贴现，6 000亿元新增政策性银行贷款额度。④政策配合上，加强与财政政策、产业政策、金融监管政策的协调，对于疫情防控重要医用物品和生活物资生产企业提供财政贴息，延长中小微企业贷款还本付息期限，帮助困难企业渡过难关。

这些综合举措，已取得明显成效：①总量上，流动性合理充裕。2020年1—4月人民币贷款新增8.8万亿元，同比多增近2万亿元，广义货币M2和社会融资规模存量同比增速分别为11.1%和12%，增速明显高于上年，体现了有力的逆周期调节。②价格上，贷款利率明显下降。一年期贷款市场报价利率下行30个基点，4月新发放普惠小微贷款平均利率为5.24%，比上年12月下降0.77个百分点。③结构上，防疫保供、复工复产、受疫情影响较大的领域和行业及时获得信贷支持。截至2020年5月31日，运用专项再贷款支持金融机构累计向7 386家防疫保供重点企业发放优惠贷款2 784.35亿元，加权平均利率为2.49%。财政贴息后，企业实际融资利率约为1.25%。截至2020年5月28日，运用再贷款再贴现专用额度支持金融机构累计发放优惠利率贷款（含贴现）4 806亿元，共支持复工复产企业和春耕备耕农户58万户。截至2020年4月30日，金融机构已对超过1.2万亿元受疫情影

响的中小微企业贷款本息实施了延期。④政策配合上，货币政策和财政政策各司其职，配合默契，充分发挥各自优势，取得了显著效果。

8.3.3 工具创新，精准调控

2020年5月22日，十三届全国人大三次会议在京开幕，国务院总理李克强做政府工作报告。面对前所未有的挑战，《政府工作报告》提出加大宏观政策力度，着力稳企业保就业。"积极的财政政策要更加积极有为"，"稳健的货币政策要更加灵活适度"，强调要"创新直达实体经济的货币政策工具，务必推动企业便利获得贷款，推动利率持续下行"。6月1日，作为对相应工作部署的回应，中国人民银行官网上挂出了三个文件，再创设两个直达中小微企业的货币政策工具——普惠小微企业贷款延期支持工具和普惠小微企业信用贷款支持计划，具体内容如表8-3所示。

表8-3 中国人民银行货币政策工具创新

出台时间	政策工具	具体内容	激励政策
2020年6月1日	小微企业延期还本付息政策	2020年底到期的普惠小微贷款本金、存续的普惠小微贷款利息，最长可延至2021年3月31日，应延尽延，免收罚息（企业承诺就业基本稳定）	地方法人银行：给予其办理的延期还本普惠小微贷款本金的1%作为奖励；国有银行：在考核绩效时，予以调整
2020年6月1日	小微企业信用贷款支持政策	使用4 000亿元再贷款专用额度，自6月起，购买符合条件地方法人银行2020年3月1日至12月31日发放的普惠小微信用贷款的40%	购买贷款的利息仍由银行收取，信贷风险也由银行承担，银行需要在365天后按原金额返还央行

自疫情暴发以来，人民银行创设的直达中小微企业的货币政策工具，如图8-5所示。

英国前首相丘吉尔曾说过："不要浪费任何一场危机。"新冠肺炎疫情触发的不是短期、片段、可有可无的思考，而是长期、整体、戒慎恐惧的思考。能不能真正

专款专用	增加再贷款再贴现额度1.5万亿元，用于向小微企业提供普惠金融支持
应延尽延	2020年底前到期的本金、存续的利息，延长至2021年3月31日
信用贷款	使用4 000亿元再贷款专用额度，购买符合条件银行发放的普惠小微信用贷款的40%
政策性银行	开发性政策性银行3 500亿元专项信贷额度
专项金融债	支持金融机构发行小微专项金融债券3 000亿元，专门用于发行小微贷款
供应链融资	支持核心企业带动产业链，督促核心企业确权，发挥应收账款融资平台作用

图 8-5　中国人民银行创设的直达中小微企业货币政策工具

穿越危机，取决于有没有新的、正确的认知。大疫面前，能者竭力，万民同心。我们每个人都不是一个被动的旁观者，而应当成为一个主动的观察者、思考者乃至行动者，从专业视角去思考和分析现实问题。在反思和回望中提升自己，呈现价值。

本章小结

我国口罩短缺问题最终的解决，是政府"看得见的手"和市场"看不见的手"通力配合的结果。政府"看得见的手"的强大，既体现在经济正常运行的时候通过法治化建设维护市场秩序和规则，又体现在出现重大公共危机的时候以体制的优势来应对。这次新冠疫情，也很清晰地显示出个人和厂商的行为不是只受经济学规律支配的。支配人们行为的，除了经济利益，还有道德、信念，以及对同类不可遏制的同情和爱。

新冠疫情对经济的冲击远超2003年"非典"，其中中小企业是受疫情影响最大的群体。面临大考大关，一方面中小企业通过减少开支、线上销售、直播带货等方式积极自救；另一方面国家也出台了相关政策加强对中小企业的财政扶持、金融扶持、创新支持和公共服务，多种渠道帮助中小企业和民营企业抗击疫情，渡过难关，促进经济系统健康运转。

疫情也让一些负债率比较高的家庭陷入困境，给人们上了一堂深刻的家庭理财课。一方面显示出持家过日子要做好现金规划，其目的是确保有足够的资金来支付计划中和计划外的支出，并且将消费支出控制在预算限制之内。另一方面也提示人们回归克勤克俭的优良传统，重新认识具有很强忧患意识和高度自律品质的传统文化。

面对疫情挑战，中国人民银行既没有按照欧美日的套路，采取极度宽松的货币政策，大水漫灌，更没有采取"财政赤字货币化"，直接购买政府债券，很好地保护了中央银行的独立性和公信力。中国人民银行支持疫情防控和经济社会发展的措施主要集中在四个方面：一是总量上，加大总量货币供给和信贷支持，稳定市场情绪；二是价格上，引导降低贷款市场利率，降低企业融资成本；三是结构上，利用结构性货币政策工具，发挥精准滴灌作用，创新直达中小微企业的货币政策工具；四是政策配合下，强化政策协调联合。

问题讨论

1. 你认为疫情中口罩该怎么卖？为什么？
2. 疫情是怎样影响你和你身边的亲朋好友的生活的？以自己的切身体验说明。
3. 用自己的话讲一讲什么是结构性货币政策工具。
4. 查阅资料，比较在新冠疫情中美联储和中国人民银行采取的措施有什么不同。

第9章
结语：金融向善

> 国际金融市场好比一个拳击俱乐部。任何一个拳击手都得遵守统一的规则——无可挑剔，这是"公平"的；但在拳击台上，却不分级别，常常是超重量级的拳击手与最轻量级的较量，主动权并非"公平"地操在双方手里，不言而喻。
>
> ——黄达

 ## 溯源：回归金融的本质

人类最早的楔形文字，诞生在古代西亚，它不是为了写诗，而是为了记录金融契约。5 000年的人类社会发展史雄辩地证明了一个事实，那就是金融通过对社会资源的优化配置，极大地解放了生产力、促进了经济增长。现代社会，金融已经成为国民经济、国际关系的核心，正如邓小平先生所说："金融很重要，金融是现代经济的核心。金融搞好了，一招棋活，全盘皆活。"习近平总书记也说过："金融是国家重要的核心竞争力，金融安全是国家安全的重要组成部分，金融制度是经济社会发展中重要的基础性制度。"

金融的力量，源自时间，源自信用。金融是一架人造的时间机器，让人们能够在一个精美清晰的时间框架里重新配置经济价值，更重要的是金融重塑了人们对时间的认识，时间本身就能产生价值。金融是人和人之间的信用关系，以契约的方式把各方的经济利益联结在一起，在盈余方和赤字方之间、在现在和未来之间架起信用的桥梁。在金融的加持下，人们可以在过去、现在和未来之间重新配置货币、重新配置风险，也重新配置梦想和欲望，极大地拓展了人类的自由。在金融的加持下，人们可以用杠杆撬起美好未来，以信用为支点，汇聚千万人的力量，成就伟大的事业。

数理工具的应用和科学技术的发展，让金融越来越复杂、越来越抽象，但无论多么高深的模型、多么先进的技术，都不会改变金融的本质。理解金融的本质，需要牢牢把握三点：①金融的核心功能是实现货币资金的跨空间、跨时间有效配置，并通过金融资本的流动影响甚至决定其他资源的流向和相互结合。②金融是以货币为载体的人和人之间的信用关系，没有信用就没有金融，信用是金融交易得以完成的安身立命之本。③金融是为实体经济服务的，没有独立存在的价值，"百业兴，则金融兴；百业稳，则金融稳"，脱离了实体经济，金融就成了无源之水、无本之木。

反思：做正确的事情，而不仅仅是正确地做事

在本书中讲的那些金融故事里，我们看到金融的力量既有建设性和美好的一面，也有破坏性和邪恶的一面。金融能让吴艳仿这样一无所有的人，有了活得更好的希望和底气，也可以成为摧毁一个人的尊严甚至生命的武器。一些看上去很"炫酷"的金融投资，最后造成了巨大的社会资源浪费，如 ofo 小黄车和碎了一地的"蛋壳"。2008 年美国金融危机对世界经济的影响直到现在仍在延续，直接导致了 2011 年"占领华尔街"运动的爆发，大批美国民众走上街头，控诉美国金融体系"劫贫济富"，加剧了经济不平等。

美国金融学会会长 Luigi Zingales 在 2015 年年会的演讲上说："虽然一个发达

经济体需要一个成熟的金融部门是毫无疑问的，但是从目前的知识积累来看，并没有理论推导或者实证支持这么一个观点，即过去40年中所有金融部门的增长都有益于社会。事实上，不管是理论证据还是实证证据，都显示出金融有纯粹的寻租空间。为所有的金融形式进行辩护，不情愿区分良莠，我们正逐渐失去为金融业真正的贡献进行辩护的信誉。"曾担任过印度央行行长的经济学家拉詹说："我们不应该让已经做错的事情妨碍还可以做对的事情，也不应该推翻已经取得的进步。"只有诚恳反思、区分良莠、正本清源，才能找到金融正确而安全的前进方向。

反思那些摧毁了巨大的社会资源、损害了社会公平正义的金融行为，会发现它们无一例外都背离了金融的初心，蒙蔽了金融的本质。

首先，脱离了实体经济，变成以获取利益为中心，自拉自唱、体内循环。特别是一些衍生金融工具和私人加密"货币"，披着"金融创新"的外衣，从设计到交易越来越脱离真实信用和实体经济的发展。它们在金融市场上通过反复易手而自我膨胀，成为最刺激的投机工具，在杠杆倍数不断放大的过程中，吸引一大批"妖精""害人精"①在金融市场上兴风作浪。风口终有结束的时候，在价格暴涨中形成泡沫也只有通过价格暴跌、泡沫破灭来消肿，最终是一场游戏一场梦。

其次，忘记了信用是金融安身立命之本，无论怎样的金融创新、如何先进的金融科技，都不能脱离信用基础。信用风险本质上是人性的问题，大数据等现代科技只能减少信息不对称，提高信息收集和分析的效率，却不能从根本上消除信用风险。经营信用的过程中始终伴随着诸多风险，控制和管理风险始终是金融系统的首要任务，只见"大数据"不见"人"的金融科技是伪金融。

最后，过于追求短期的效益，而忽略了长期的效益；过于强调个人或者部门的利益，而忽略了社会的利益。金融要权衡的基本问题是现在和未来、短期和长期。

---

① 2016年12月3日，时任证监会主席刘士余在中国证券投资基金业协会第二届会员代表大会上致辞时情绪激动，痛批"野蛮收购"。"我希望资产管理人，不当奢淫无度的土豪、不做兴风作浪的妖精、不做坑民害民的害人精。""你用来路不当的钱从事杠杆收购，行为上从门口的陌生人变成野蛮人，最后变成行业的强盗，这是不可以的。这是在挑战国家金融法律法规的底线，也是挑战职业操守的底线，这是人性和商业道德的倒退和沦丧，根本不是金融创新。"

如果眼前的利益是以损害长期利益，甚至损害社会整体利益为代价而获得的，那就不能认为实现了资源的有效配置，这种金融行为就是不负责任的。

戈兹曼认为金融本质上是一种技术——一个工具和制度的网络，是一种正确地做事情的方式。金融科技的发展，极大地提升了这种技术的威力，在带来无限的发展机遇的同时也带来了前所未有的挑战。而技术本身是无所谓好坏、善恶的，金融是否是"好的金融"取决于人们是否用它做正确的事情。因此，我们必须跳出金融看金融，将金融置于社会和文化的大背景下，才能看清楚何为正确。

寻根：中华传统文化的价值观

金融理论是对金融实践的总结，但对于中国而言，情况有些特殊。现代金融学在很大程度上是对欧美金融实践的总结，从 19 世纪中叶开始引进西方货币金融理论，到改革开放以来欧美主流经济学的流行，这一过程持续了一个多世纪的时间。"借来的火，点不亮自己的心"，根植于欧美文化和社会制度背景下的金融理论在移植到中国后，经常陷入"南橘北枳"的尴尬境地。"实际情况是，中国的经济崛起与金融发展并未遵循主流经济学划定的路线图，中国改革开放过程陆续涌现出不少极具本土特色的经济金融故事，既有的主流框架一时无法给出合理解释。"①

金融是技术系统，要讲求技术逻辑；同时也是社会系统，要讲求人文逻辑。这种人文逻辑很大一部分属于道德和伦理的范畴，金融只有深深地扎根于中国传统文化的土壤里，才能立得住，才有了灵魂和方向。因为"任何人文社会科学都摆脱不了本民族的文化根基"，"东西方的金融学科，也同样是分别根植于东西方的文化平台上"。

以儒家为代表的中国传统文化的基本价值观和价值体系，跟西方近代价值观和价值体系有很大的不同。陈来教授将其概括为四点：责任先于自由、义务先于权利、群体高于个人、和谐高于冲突。这四点中最值得我们注意的是"群体高于个人"，

---

① 张杰. 金融学在中国的发展：基于本土化批判吸收的西学东渐 [J]. 经济研究，2020（11）：4-18.

现代经济学建立在西方个人主义价值观的基础上，但中国的"以人为本"，不是以个人为本，而是以群体为本。这就使得如何处理公与私、义与利的关系成为中国人道德实践中最重要的问题。中国传统文化的一个突出特征就是把道德放在核心位置，体现为强调人的道德主体性和利他精神。孔子的"仁"、孟子的"义"、王阳明的"致良知"全都有利他之意。

深受王阳明"心学"影响的日本"经营之神"稻盛和夫曾经讲过这么一个故事：

有一群人，行至某地腹中饥饿，恰巧发现一口直径1米的大锅，里面煮着美味的面条。但是，每双筷子都有1米之长，尽管他们能够夹起面条，却送不到自己嘴里。他们都只想满足自身欲望，自己吃不着，看到别人夹起面条努力往嘴里送时，就马上你争我抢，不让别人吃。他们争吵起来，结果锅翻了，面条撒了一地，谁也没吃成。这个地方就是地狱。

另外一群人，也围着同样一大锅面条，其中有个人拿着1米长的筷子，夹起面条跟对面的人说："这面条很好吃，您先尝尝。"对方吃完，很满足地说："谢谢，现在让我回报您吧。"于是他也拿起长筷子，夹面条喂对面的人吃。结果大家都吃饱了，气氛也很和谐。这里就是天堂。

地狱和天堂，客观环境完全相同，不同的是人的价值理念。社会既可以是适者生存、尔虞我诈的残酷丛林，也可以是人性熠熠发光的温暖天堂，全在人的一念之间。同样地，金融的"好坏"也在人的一念之间，正如拉詹所说："银行家并不是天生道德败坏，只是他们所从事的行业几乎没有给他们的道德提供任何支撑点，衡量他们价值大小的标准就是赚钱的多少。"中国传统文化的价值观，就是这个关键"道德的支撑点"。

 向善： 金融"成人之美，不成人之恶"

德鲁克说："管理的终极之善是改善他人的生活。"套用一下，金融的终极之善也是改善他人的生活，并以此创造社会价值。稻盛和夫坚信"只要动机是善的，过程是善的，结果一定是好的"。那么，究竟什么是"善"？

傅佩荣把"善"定义为"人与人之间适当关系之实现"。孔子主张的"仁"，在字形上是"从人从二"，亦即"二人为仁"，若是孤独一人，就没有行善的机会。因此儒家"仁"的价值和伦理可以作为"善"的判断标准。

在《论语》中有8处，孔子的学生向他请教"仁"是什么？孔子的回答有"仁者爱人""己所不欲，勿施于人""克己复礼曰仁，一日克己复礼，天下归仁焉"等等。在孔子看来，仁爱的精神是人本身所固有的，以"亲亲"（爱自己的亲人）为根本，通过"克己复礼"扩大到社会，即"仁民"。"克己复礼"是理解孔子提倡的仁学的核心，就是说"只有在'克己'（克制自己的私利）的基础上的'复礼'（复兴良好的礼仪制度）才叫作'仁'"。"仁"体现在金融领域，就是强调金融企业在经营过程中要秉持"仁爱"之心，遵守礼仪制度和社会规范，不仅要追求自身的利润，还要增加社会的福祉。

每个人做事的出发点都是源于私心，这没有什么好谴责的。但是，"己欲立而立人，己欲达而达人"，唯有将私心转化为公心，将获益者从自身扩大到群体，才能为自己与群体获得更大的效益。商业的逻辑，本来就是一个"成人达己"的结构，只有为客户创造价值，站在客户的角度考虑问题，才能取得商业的成功，这本质上就是"仁"。只要能够给客户提供高效、准确、优质、低成本的服务，金融机构必然也能获取合理的回报。

《老子》里有一段关于水的描述："上善若水，水善利万物而不争，处众人之所恶，故几于道。居善地，心善渊，与善仁，言善信，正善治，事善能，动善时。夫唯不争，故无尤。"这一段话虽然在谈个人为人处世的道理，但是也可作为"善"的金融的行为准则"居善地"——助人成事，甘居下地；"心善渊"——包容性发展；"与善仁"——为客户创造价值；"言善信"——视信用为生命线；"正善治"——公平公正；"事善能"——敢于担当，不负重托；"动善时"——把握机遇，择时而动；再加上最基本的原则——不与实体经济争利，便可以符合"以其无私，故能成其私"的天地之道。

在不确定的时代，初心就是最清晰的方向。金融的初心就是把稀缺的社会资源配置到那些美好的事物、美好的个人和组织，让社会和生活更加美好。现代科技和中国传统文化是金融的两个支撑点，二者缺一不可。有了这两个支撑点，金融就不仅是一种技术，还能承担社会责任，"成人之美，不成人之恶"，不断导人向善，促进人类社会的真善美。

附录　　教学案例

 ofo小黄车：从如日中天到明日黄花

2018年5月8日，位于成都市武侯区学府二段的一处拆迁厂内，堆积如山的小黄车被碾压成废铁，等待废品厂以每辆15元的价格回收运走。10月22日，ofo小黄车运营主体东峡大通（北京）管理咨询有限公司的法人代表，悄然由戴威变更为陈正江，官方给出的解释为"为简化办公流程、提升工作效率"。12月4日，法院对东峡大通（北京）管理咨询有限公司作出了"限制消费令"，这意味着戴威不能乘坐飞机、列车软卧、轮船二等以上舱位；不能在星级以上宾馆、酒店，夜总会，高尔夫球场等场所消费……与此同时，大量北京市民开始自发组队去ofo小黄车总部——互联网金融中心大楼——办理退押金手续。北风呼啸，裹着厚重外套的退押金"长龙"缓缓移动着，远远望去，平添萧索。此时，距离戴威及其团队踌躇满志地掀开创业篇章，也不过短短四年的光景……

一、资本驱动的快速增长

2014年是ofo小黄车的创立元年。彼时，创始人戴威刚刚从青海支教回来，准备攻读北京大学经济学硕士，与此同时，与4名北京大学同学（薛鼎、张巳丁、于信、杨品杰）开始创业。2013年从北京大学光华管理学院本科毕业后，戴威跟随团中央支教团前往青海大通县东峡镇，做了一年数学老师。戴威对那段经历极为珍视，ofo小黄车运营主体"东峡大通（北京）管理咨询有限公司"中的"东峡大通"正是其支教所在地的名称，而ofo域名的注册也正是完成于这一时期。

（一）书生意气，挥斥方遒

2014 年 12 月 1 日，ofo 小黄车从唯猎资本的校友投资人处获得 150 万元天使轮融资。创业之初，ofo 小黄车的定位是"一个深度定制化骑行旅游项目"，这个项目是一个共同爱好者的小众旅行骑行项目，组织爱好者去青海、台湾等地骑行。之所以选用"ofo"这个名字，是因为 ofo 看起来就像一辆自行车。热爱骑行的戴威想让所有人都知道，"ofo 小黄车是与自行车有关的"，"我觉得骑行是一种最好的了解世界的方式"。由于没有清晰独特的商业模式，ofo 小黄车最初的发展并不顺利，这笔钱很快就烧光了。

穷则思变，在账面大概只剩下 400 元时，戴威及其团队破釜沉舟，开始进入无人区，创造性地推出了"无桩共享单车"模式。该模式利用移动互联网和智能手机，打破公共单车需要"停车桩"的思维枷锁，让共享自行车真正具备了随时随地的便利性，也让公共自行车这一概念重新焕发活力。秉持"只连接车，不生产车"的理念，ofo 小黄车最初在北京大学校园里开始试点。他们在北京大学招募 2 000 名学生，自愿贡献出自己的单车，使之成为校园内的共享单车。这 2 000 人因此可以获得所有单车的免费使用权，并有可能得到 100 元的补助，而其他人需要使用时则必须支付一定的费用。2015 年 9 月 7 日，该单车共享业务在北京大学正式推出。一经推出，便反响强烈。北京大学试点成功之后，ofo 小黄车创始团队开始在全国各大高校复制这一单车共享模式。然而，仅凭大学生自愿提供的车辆难以形成品牌效应与规模效应，于是，ofo 小黄车迈出了自购车辆的关键一步。

2016 年 1 月，就在戴威刚刚摸索出 ofo 小黄车的校园模式时，金沙江创投的董事长朱啸虎在大学校园中看到了小黄车。像之前投资默默无名的滴滴一样，朱啸虎主动联系了 ofo 小黄车。而第一次听说朱啸虎的戴威团队，在北京国贸的地下停车场百度了这位投资人后，果断签约，顺利拿到金沙江创投 A 轮投资 1 000 万元。戴威趴在国贸三期商城的围栏上，对联合创始人张巳丁感叹，从来没有见过这么多钱。1991 年出生的戴威这一年 25 岁，刚刚从北京大学光华管理学院硕士毕业，正可谓少年得志。然而，恐怕就算是戴威本人，也不曾预料到，这不过是一个序曲。

(二)春风得意马蹄疾

ofo小黄车的成功,根本原因在于其独特的"共享自行车+移动互联网技术"商业模式。这种单车共享的模式提高了自行车的利用效率:让一辆自行车的使用时间从平均每天5分钟提升到平均每天76分钟,提高了14倍;让一辆自行车可以服务的人从1人变成了至少10人,提高了至少10倍。通过共享经济的方式,从所有权的让渡发展为使用权的共享,提高了自行车使用效率,减少了城市资源浪费,为城市减少拥堵,帮助城市节约更多空间,促进绿色低碳出行。

自2016年起,以ofo小黄车为代表的共享单车项目成为资本市场上最引人瞩目的存在:在短短6个月内,ofo小黄车完成了四轮融资。在资本的驱动下,ofo小黄车走出校园、走向城市,又借势走出中国、走向世界,在极短的时间里实现了快速扩张。在那些梦幻般的日子里,作为"中国新四大发明"的代表,ofo小黄车攻城略地、一路高歌,"让世界没有陌生的角落"。

2017年1月11日,ofo小黄车发布"2017城市战略",计划覆盖全国33个城市;5月3日,ofo小黄车宣布正式进入第100座城市——拉萨,成为全球覆盖城市最多的共享单车出行平台。2017年2月22日,ofo小黄车与中国电信和华为共同研发的NB-IoT(narrow band internet of things,窄带物联网)"物联网智能锁"开始正式应用到ofo小黄车上。这是全球首款"物联网智能锁",也是NB-IoT物联网技术在移动场景的首次商用。9月26日,ofo小黄车发布更好骑的共享单车"ofo小黄蜂",行业首次采用跑鞋胎。同时,全球领先的共享出行大数据平台——ofo"奇点"大数据系统也首次公开亮相。10月20日,ofo小黄车宣布日订单突破3 200万,相比2016年同期,ofo小黄车日订单量增长远超31倍,是共享单车行业增速最快的平台。

2017年4月26日,ofo小黄车与联合国总部共同签署战略合作备忘录,宣布在全球范围内发起"一公里计划";8月17日,ofo小黄车进驻美国西雅图,并成功获得美国当地主管部门首次给中国共享单车企业发放运营许可,成为第一家在美国城市中正式运营的中国共享单车企业;8月21日,ofo小黄车宣布正式进入英国牛津,成为首家获得Bikeplus英国共享单车管理协会认证的无桩共享单车企业;11月8日,

ofo 小黄车创始人兼 CEO 戴威出席 APEC，表示未来希望为 20 亿人提供服务；12 月 7 日，ofo 小黄车宣布入驻法国首都巴黎，这是 ofo 小黄车进驻的第 20 个国家。一时间，在新加坡、美国、英国、哈萨克斯坦、泰国、奥地利等国的街头巷尾，均能看到 ofo 小黄车亮眼的身影。

二、风险投资辛迪加

在风险投资行业发展的早期，由于每只风险投资基金规模都比较小，因此出现了多个风险投资机构联合投资同一家公司的现象，即风险投资的辛迪加模式。现在，风险投资的辛迪加模式已经非常普遍，在美国，创立于 1980—2005 年的 3 万多家初创公司中，有 70% 的公司得到过两个或者更多的风险投资。

（一）乱哄哄你方唱罢我登场

从 2016 年开始，风险资本开始对共享单车领域的两大巨头——摩拜单车和 ofo 小黄车——展开了疯狂的追逐。自成立至 2018 年末，ofo 小黄车获得的风险投资明细详见附表 1。

附表 1　ofo 小黄车获得的风险投资明细

时 间	轮 次	金 额	投 资 方
2014 年 12 月 1 日	天使轮	150 万元人民币	唯猎资本
2015 年 10 月 30 日	Pre-A 轮	900 万元人民币	唯猎资本、弘道资本
2016 年 2 月 8 日	A 轮	1 500 万元人民币	金沙江创投、弘道资本
2016 年 4 月 1 日	A+ 轮	1 000 万元人民币	天使投资人王刚、真格基金
2016 年 9 月 2 日	B 轮	千万美元	经纬中国领投、金沙江创投、唯猎资本跟投
2016 年 10 月 10 日	C 轮	1.3 亿美元	滴滴出行（C1 轮数千万美元）、Coatue Management（C2 轮）、小米科技、顺为资本、中信产业基金领投、元璟资本、DST Global（Yuri Milner）、滴滴出行、经纬中国、金沙江创投等老投资方跟投

续表

时间	轮次	金额	投资方
2017年3月1日	D轮	4.5亿美元	DST Global领投，滴滴出行、中信产业基金、经纬中国、Coatue Management、Atomico、华夏润石多家国内外机构跟投
2017年4月22日	战略融资	未披露	蚂蚁金服
2017年7月6日	E轮	超7亿美元	阿里巴巴（NYSE：BABA）、弘毅投资、中信产业基金领投，滴滴出行、DST Global跟投
2018年3月13日	E+轮	8.66亿美元（股权与债权并行）	阿里巴巴领投，灏峰集团、天合资本、蚂蚁金服，君理资本跟投

资料来源：天眼查

2017年6月8日，全球知名风投调研机构CBInsights发布了全球最具价值的科技创业公司榜单，这些公司均为估值超10亿美元的"独角兽"公司。在最具价值独角兽榜单中，ofo小黄车成为全球共享单车行业唯一上榜公司，其估值一度高达30亿美元。而其创始人戴威更是凭借ofo小黄车成为第一位登上"2017胡润百富榜"的90后。

（二）鲜花着锦，烈火烹油

胜利来得太快太猛烈了，显然让这个创业公司的年轻CEO忘乎所以了。2016年10月底，ofo小黄车将总部从临近北京大学的酒店式公寓立方庭搬到了北京中关村互联网金融中心大楼。仅仅两个月后，又搬至理想国际大厦，这里可俯瞰北京大学，也是众多知名互联网企业云集地。

据《财经杂志》报道，2017年3—7月，ofo小黄车对自行车的采购达到疯狂的地步。当时每个月采购量约为300万～400万辆，总计采购1 600万辆单车，实际履行约1 200万辆。那时ofo自行车单均成本360元人民币，机械锁约20元，运输物流约15元，合计近400元。换智能锁再加200元，合计接近600元。5个月总采购量1 200万辆，乘以600元单辆车平均成本，这5个月的采购应付金额为72亿元人民币。

此外，当时 ofo 小黄车很多部门花钱如流水，极为铺张。例如为员工购置价值 2 000 元的升降桌、通过猎头公司高薪聘请公司前台、为创始人团队购置多辆豪车……2017 年 4 月，ofo 小黄车甚至花费千万聘请鹿晗担任代言人。接着，公司又斥 2 000 万元巨资冠名了一颗卫星。"我们那时候觉得，投资的金额远大于我们需要的资金量。有资金积压太多，一下子使用不掉的情况。"一位 ofo 小黄车离钱很近的员工说，"太多了！虽然这个钱跟你没有半毛钱关系，但是花钱的那种疯狂感……"

三、资本的较量

伴随着 ofo 小黄车与其最大竞争者摩拜单车的兴起与风靡，越来越多的资本涌入共享单车行业，以期分一杯羹。一时间，小蓝单车、悟空单车、哈啰单车、町町单车等数十种共享单车如雨后春笋般出现在各城市的大街小巷。市场竞争日益激烈，不少共享单车企业开始推出大力度的价格补贴政策，通过"烧钱"来捕获用户，企图以资本的逻辑来主导市场竞争，并在最短的时间决出胜负。资本以简单粗暴的方式扭曲了市场竞争，大大加快了企业的增长速度，缩短了共享单车行业正常的成长周期。

（一）干掉竞争对手意味着一切

摩拜单车是与 ofo 小黄车势均力敌的竞争对手。2016 年底，摩拜单车与 ofo 小黄车在共享单车市场上已经占据了绝对领先优势。风险投资如嗅到血腥味的鲨鱼，疯狂地涌入摩拜单车或者 ofo 小黄车，站成了两队，试图按照资本的逻辑用烧钱的模式快速决出胜负。而戴威和摩拜年轻的创始人胡玮炜，甚至都还没有想清楚为什么要互相残杀，就这样被资本的力量推到了决斗的第一线。

2017 年初，摩拜单车和 ofo 小黄车的烧钱大战到了白热化的程度，资本嗜血的一面再次展现得淋漓尽致。各路"吃瓜群众"在朋友圈里分享着摩拜单车和 ofo 小黄车"不要钱""骑车就送红包"的消息，饶有趣味地看着摩拜单车和 ofo 小黄车的免费大战，依稀回忆起当年"滴滴"和"快的"的烧钱大战。2017年秋天,ofo小黄车的订单突破3 200万单。ofo小黄车打破了整个行业有史以来的最高纪录,走到了一个"巅峰"。然而这个"巅峰",却是靠"一元月卡"和"红包车"两项极度烧钱的活动造就的。

投资人的急迫和浮躁,改变了两家年轻的公司本来的成长节奏,引导它们又回到了疯狂铺量、狙击对手的老路上。"在狂热竞争中,对手无时无刻不在刺激你的神经。2017年我没有睡过一天好觉,每天早上6点起床,晚上3点才睡觉。"一位ofo小黄车员工说,"你的大脑会不自觉紧绷,去追赶它(摩拜)的脚步,甚至是追赶前一秒你自己的脚步。"一位从ofo小黄车离职的管理人员表示,ofo小黄车之所以用一种看似激进的姿态向前奔,是因为投资人跟戴威说得非常清楚——"跑到市场第一,这是你唯一的目标,钱的事你不用管。"

(二)成也萧何,败也萧何

从2016年9月开始至2017年7月,ofo小黄车连续接受了三轮来自滴滴出行参与的战略风险投资,滴滴出行在ofo小黄车的占股比例不断攀升至30%以上。当然,与此同时,ofo小黄车的估值也在不断翻升。在双方的"蜜月期",戴威几乎每逢采访都要夸一遍程维,并表示程维在战术和打法上给予自己很多有用的建议。据内部员工回忆,戴威在公司里曾多次说"程维是我的贵人"。

2017年夏天,滴滴出行承诺帮助ofo小黄车获得软银的注资,条件是ofo小黄车须接受滴滴出行下派的高管。2017年7月25日,滴滴系三名高管进驻ofo小黄车——付强出任ofo小黄车执行总裁,柳森森和南山分别负责财务和市场,ofo小黄车的管理队伍又经历了一次大换血。付强带来运营副总裁萧双生,与ofo小黄车元老大池形成了短暂"划江而治"的格局——大池掌管中国南部,萧双生把守中国北部,一个是"南中国区负责人",一个是"北中国区负责人"。面对创始人戴威的诸多决策,滴滴系高管付强屡次强势地表达反对意见,这其中也包括戴威提出的收购小蓝单车。

2017年11月的一天,滴滴管理团队三四十人军团突然消失。"一夜之间人全没了。"一位ofo小黄车中层人士描绘那时的震惊,"就像恐怖片幽灵船,上船所有东西还在,咖啡还是温的,但是人没了。那一片空位都没了。"他们打电话过去问,对方说在三亚度假。一位滴滴系中层人士说,付强比他们早走几天,他们商量了一下,决定一起撤。"我们不走,在戴威眼中是滴滴系,滴滴这边也反目成仇。神仙打架,你只能被动接受结果。"他们约好同一天集体不出现,连东西都没拿,过了两三周,得知双方谈判决裂,才回去收拾东西办离职。滴滴军团告别的时候笑嘻嘻地跟 ofo 小黄车职员打招呼:"走了走了,江湖再见。"

四、当资本的大潮退去

靠烧钱打下来的天下不可能长久,创业者、消费者和其他运营商早期得到的所有好处,迟早要连本带利还给投资者,否则资本的游戏就无法继续下去。最终,上帝的归上帝,恺撒的归恺撒。

(一)其兴也勃焉,其亡也忽焉

2017 年冬天,资本的大潮开始退去,整个共享单车市场行情每况愈下。酷骑单车、小鸣单车、小蓝单车等共享单车企业相继黯然离场。倒闭的共享单车公司中,大多出现了资金紧张、欠薪、用户押金难退的情况,而被曝光出挪用用户押金而突然解散公司的也不在少数。在"倒闭大潮"席卷整个行业之时,ofo 小黄车的经营状况也不甚乐观。

2017 年 7 月后,投资方的观望态度让 ofo 小黄车未获得任何融资。截止到 2017 年 12 月 1 日,ofo 小黄车账面包括押金在内可动用的现金仅剩下 3.5 亿元。2018 年 1 月 8 日上午,ofo 小黄车海外事业部总经理 Jeremy Chen(陈钰瑄)宣布部门解散。从 2018 年 6 月开始,ofo 小黄车先后从澳大利亚、德国、韩国、西班牙、以色列和美国部分城市陆续退出,10 月,仅运营短短数月的日本市场也被 ofo 小黄车正式放弃。

与此同时,ofo 小黄车在国内市场的表现也堪称"节节败退"。2018 年 5 月,为了实现盈利计划，ofo 小黄车在找寻自我造血方式的道路上艰难前行：首先将车身变成广告牌，随后在自家 App 上也推出了广告区域，试图在骑行租金之外实现收入多元化。此前北京、上海已经出台相关政策禁止共享单车企业在车身设置商业广告，对此，ofo 小黄车则回应称，"一直以来执行相关政府的政策要求，从未在政府政策明令禁止区域售卖。车身广告属于公司正常的为实现盈利开展的业务探索"。无论如何，此举并未给 ofo 小黄车的现状带来实质性变化，"广告创收"可谓收效甚微。

2018 年 6 月，ofo 小黄车在全国所有城市的信用免押被全部取消，而这无疑与此前戴威声称的将在更多城市推出免押金计划的承诺背道而驰。尤其值得注意的是，此时摩拜单车已被美团收购，并开始扩大免押金模式的试点范围。与此同时，背靠阿里巴巴的哈啰单车与滴滴出行自有的青桔单车也开始在全国范围内推行免押金活动。而这对尚在生死线上苦苦挣扎的 ofo 小黄车来说，无疑又是一个极大的打击。

2018 年夏天以后，ofo 小黄车开始进行大规模裁员，公司总部从鼎盛时的 3 400 人裁至 400 余人。同年 11 月，公司总部搬离理想国际大厦，离开了这个见证了 ofo 小黄车的辉煌、承载了无数员工梦想的地方，回到了互联网金融中心大楼。2018 年末，多个城市的运营站点已人去楼空，全国各地也普遍掀起"退押金"的浪潮。

一波未平，一波又起。"退押金"风波发生后，ofo 小黄车又因涉嫌押金绑定网贷平台，再次引发市场关注。据报道，ofo 小黄车用户进行退押金操作时，必须先同意升级成为网贷平台 PPmoney 的用户。此时，用户押金从 99 元升级为 100 元 PPmoney 特定资产，依旧不可以直接提现。若想提现，则需缴纳最低 3 元的手续费，这就意味着用户的押金在提现过程中变成了 97 元。这一系列的转换操作令 ofo 小黄车被质疑"倒卖用户隐私"，招致一片骂声。至此，ofo 小黄车的公众形象跌至冰点。

（二）棋看痴人覆局争

早在 2017 年 7 月，摩拜单车和 ofo 小黄车的投资人都开始意识到彼此很难打败对方，所以转而力推两家合并。然而拥有一票否决权的戴威对此却表现出了极大的抵触以及强烈的反对，坚持 ofo 小黄车独立发展："非常感谢资本，资本助力了企业的快速发展，但是资本也要理解创业者的理想和决心。"在抛出这句掷地有声的隔空喊话后，被派驻到 ofo 小黄车担任高管的付强等人也全部撤离了。

拒绝了与摩拜单车合并，不仅让投资方期待落空，也让 ofo 小黄车的日子变得难过起来。滴滴出行曾经承诺争取的软银投资迟迟没有下文，资金无以为继。更为致命的是，将 ofo 小黄车订单量推上顶峰的"一元月卡"和"红包车"活动几乎耗尽了 ofo 小黄车的现金流，加剧了 ofo 小黄车的资金链危机。很明显，如果要实现盈利，必须改变现有的商业模式，转型成为另外一种互联网平台，这个在短期看来可能性极小。而前期靠资本补贴不顾一切地扩张，留下了许多的遗留问题：规模巨大的小黄车需要维护，每天损耗惊人，人员的工资，公司的运营费用……所有的一切都需要钱去维持，ofo 小黄车几乎走到了绝境。

走投无路的 ofo 小黄车转向另一个资本巨头——阿里巴巴。2018 年 2 月，戴威通过动产抵押的方式，先后两次以共享单车资产为抵押物，获取阿里共计 17.7 亿元借款。同年 3 月，ofo 小黄车完成由阿里巴巴领投的 E+ 轮融资，阿里巴巴正式进入 ofo 小黄车董事会。2018 年 5 月，戴威在公司内部会议上拒绝了滴滴出行提出的潜在收购要约，号召公司员工"战斗至最后"。戴威把 ofo 小黄车的现状比作电影《至暗时刻》中英国政府和首相丘吉尔所陷入的被动战争局面，明确表态 ofo 小黄车无论如何都要坚持独立发展，颇有"负隅顽抗、困兽犹斗"之意。

五、并非尾声

"终有一天，我们 ofo 会和 Google 一样，影响世界。"时至今日，戴威在 2016 年拿到 1.3 亿美元 C 轮融资后意气风发的宣誓仍回响在不少人的脑海之中。

苍狗白云常变更。短短 3 年时间，这位年轻的创业者和他的 ofo 小黄车，被强大的资本力量推动着，以无与伦比的速度攀上巅峰，又因为违拗了资本的意志，以始料未及的速度跌落下来,成为明日黄花。

"风口要结束的时候,难道我们做了一场春秋大梦吗?"一位 ofo 小黄车员工问。他们无比怀念在北京立方庭刚刚开始创业的日子,那是一段"温暖而酣畅淋漓的日子"。运营经理纪拓巡查市场回来,总会拿起吉他,拨动琴弦,一群人跟着手舞足蹈唱起歌来。晚上加班到 10 点,一群年轻人从公司出来骑着小黄车,向南至公主坟,再一路向东横穿整条长安街。接近凌晨回来,又跑到北京大学小西门吃夜宵、喝酒,一直折腾到凌晨 2 点才回家。

"如果组织需要,我随时会回来的。"他们说。

参 考 文 献

[1] 保罗·萨缪尔森,威廉·诺德豪斯. 经济学 [M].19 版. 北京：商务印书馆，2013.

[2] 本·伯南克. 行动的勇气 [M]. 北京：中信出版社，2016.

[3] 本·伯南克. 金融的本质 [M]. 北京：中信出版社，2014.

[4] 布鲁克·诺埃尔·摩尔,理查德·帕克. 批判性思维 [M].10 版. 北京：机械工业出版社，2014.

[5]《马克思主义基本原理概论》编写组. 马克思主义基本原理概论 [M]. 北京：高等教育出版社，2018.

[6] 陈来. 中华文明的核心价值 [M]. 北京：生活·读书·新知三联书店，2015.

[7] 陈岩. 为什么虚拟货币难成大器？[J]. 金融理论与实践，2014（12）：1-7.

[8] 陈岩,刺文琪,范杰. 互联网消费信贷的可持续发展研究 [J]. 南方金融，2016（12）：50-56.

[9] 查尔斯·金德尔伯格. 西欧金融史 [M]. 北京：中国金融出版社，2010.

[10] 曹德旺. 企业应实事求是，按自身需求复工 [EB/OL].[2020-02-11].https://www.yicai.com/brief/100499130.html.

[11] 邓大洪. 直击 ofo 的梦生梦灭 [J]. 中国商界，2019（Z1）：14-16.

[12] 段新生,林丹. 从共享单车融资状况看风险投资家"非理性"投资 [J]. 会计之友，2017（24）：7-12.

[13] 范一飞. 关于数字人民币 M0 定位的政策含义分析 [N]. 金融时报，2020-09-14.

[14] 费孝通. 乡土中国 [M]. 北京：北京大学出版社，2012.

[15] 桂曙光，陈昊阳. 股权融资：创业与风险投资 [M]. 北京：机械工业出版社，2019.

[16] 黄达. 金融——词义、学科、形势、方法及其他 [M]. 北京：中国金融出版社，2001.

[17] 黄达，张杰. 金融学 [M]. 5 版. 北京：中国人民大学出版社，2020.

[18] 黄奇帆. 分析与思考 [M]. 上海：上海人民出版社，2020.

[19] 卡门 M. 莱因哈特，肯尼斯 S. 罗格夫. 这次不一样——八百年金融危机史 [M]. 北京：机械工业出版社，2015.

[20] 拉加德. 雷曼兄弟事件十年——经验教训与未来挑战 [EB/OL].（2018-09-06）. https://blogs.imf.org.

[21] 拉古拉迈·拉詹. 断层线 [M]. 北京：中信出版社，2011.

[22] 李健. 金融学 [M].3 版. 北京：高等教育出版社，2018.

[23] 李建军，彭俞超. 金融科技学 [M]. 北京：高等教育出版社，2021.

[24] 刘旭. 校园贷是如何"套牢"大学生的？[N]. 北京青年报，2016-03-24.

[25] 刘曼红，Pascal Levensohn. 风险投资学 [M]. 北京：对外经济贸易大学出版社，2011.

[26] 陆亦琦. 资本驱动的市场 [J]. 销售与市场（管理版），2017（11）：32-33.

[27] 曼昆. 经济学原理 [M]. 5 版. 北京：北京大学出版社，2009.

[28] 毛泽盛，卞志村. 中央银行学 [M].2 版. 北京：人民出版社，2019.

[29] 苗兆光. 西贝贷款发工资也只能撑 3 月，谁来帮西贝解困？[EB/OL].[2020-02-02]. https://mp.weixin.qq.com/s/vOugBl83HskWTyrI88x5xg.

[30] 南怀瑾. 廿一世纪初的前言后语 [M]. 北京：东方出版社，2014.

[31] 邱泽奇. 社会学是什么 [M]. 北京：北京大学出版社，2020.

[32] 盛松成，龙玉. 抗"疫"之时也要重视经济薄弱环节，帮助中小企业 [EB/OL].[2020-02-02]. https://mp.weixin.qq.com/s/fFo77TPDhgbBJtOnaq_XsA.

[33] 孙国峰. 健全现代货币政策框架 [J]. 中国金融，2021（2）：47-50.

[34] 宋玮，张珺 . 共享单车：资本局中局 [J]. 商业文化，2017（16）：66-75.

[35] 谈毅 . 风险投资与创新 [M]. 上海：上海交通大学出版社，2015.

[36] 田轩 . 创新的资本逻辑 [M]. 北京：北京大学出版社，2018.

[37] 威廉·戈兹曼 . 千年金融史 [M]. 北京：中信出版社，2017.

[38] 吴国盛 . 什么是科学 [M]. 广州：广东人民出版社，2016.

[39] 吴海 . 中小企业能不能活下来，我给你算笔账 [EB/OL]. 微信公众号"我为国言吴海"，[2020-02-11].

[40] 许倬云 . 许倬云说美国 [M]. 上海：上海三联书店，2020.

[41] 杨惠昶 . 金融学原理 [M]. 北京：科学出版社，2006.

[42] 易纲 . 再论中国金融资产结构及其政策含义 [J]. 经济研究，2020，55（3）：4-17.

[43] 易纲 . 建设现代中央银行制度 [J]. 时代金融，2021（1）：4-5.

[44] 张杰 . 金融学在中国的发展：基于本土化批判吸收的西学东渐 [J]. 经济研究，2020（11）：4-18.

[45] 张五常 . 科学说需求 [M]. 北京：中信出版社，2010.

[46] 张珺 .ofo 剧中人：我不愿谢幕 [J/OL]. 财经，2018（28）[2018-12-03]. https://news.caijingmobile.com/article/detail/378480.

[47] 张威 . 银联突围 [EB/OL].（2019-05-15）.http：//magazine.caijing.com.cn/20190515/4588250.shtml.

[48] 张威，张颖馨，俞燕，等 . 清冷的金融街背后，一场隐形"战役"正在展开 [EB/OL].（2020-02-15）.http：//finance.sina.com.cn/money/bank/bank_hydt/2020-02-15/doc-iimxxstf1712674.shtml.

[49] 张颖馨 . 湖北药企老板抗疫：从贷款三次被拒到 30 小时获贷 4000 万 [EB/OL].（2020-02-11）.http：//finance.sina.com.cn/roll/2020-02-11/doc-iimxyqvz1904660.shtml.

[50] 招商银行股份有限公司年度报告（2014—2020）[EB/OL].http：//www.

cmbchina.com.

[51] 周诚君，黄余送. 基于电商的互联网信贷业务属性探讨——以"花呗"为例[J]. 清华金融评论，2021（2）：20-22.

[52] 周学东. 中小银行金融风险主要源于公司治理失灵——从接管包商银行看中小银行公司治理的关键[J]. 中国金融，2020（15）：19-21.

[53] 中国人民银行金融消费权益保护局课题组. 现阶段保留现金使用的必要性研究——基于普惠金融和消费者保护视角[EB/OL].（2020-12-16）. http://news.stcn.com/news/202012/t20201216_2635493.html.

[54] 中国人民银行. 潘功胜副行长在国务院联防联控机制发布会上答记者问要点[EB/OL].[2020-02-07]. https://mp.weixin.qq.com/s/OHKVAe5rlwi1SMyez-bEdQ.

[55] 中国人民银行. 中国人民银行行长在"两会"期间就重点问题接受《金融时报》《中国金融》记者采访[EB/OL].[2020-05-26]. https://mp.weixin.qq.com/s/OHKVAe5rlwi1SMyez-bEdQ.

[56] 朱民，等. 改变未来的金融危机[M]. 北京：中国金融出版社，2009.

[57] 朱武祥，等. 疫情冲击下中小微企业困境与政策效率提升——基于两次全国问卷调查的分析[J]. 管理世界，2020，36（4）：13-26.